(conserver la Couverture)

11

VICTOR HUGO 5356

LE DERNIER JOUR

D'UN

CONDAMNÉ

CLAUDE GUEUX

NOUVELLE ÉDITION ILLUSTRÉE

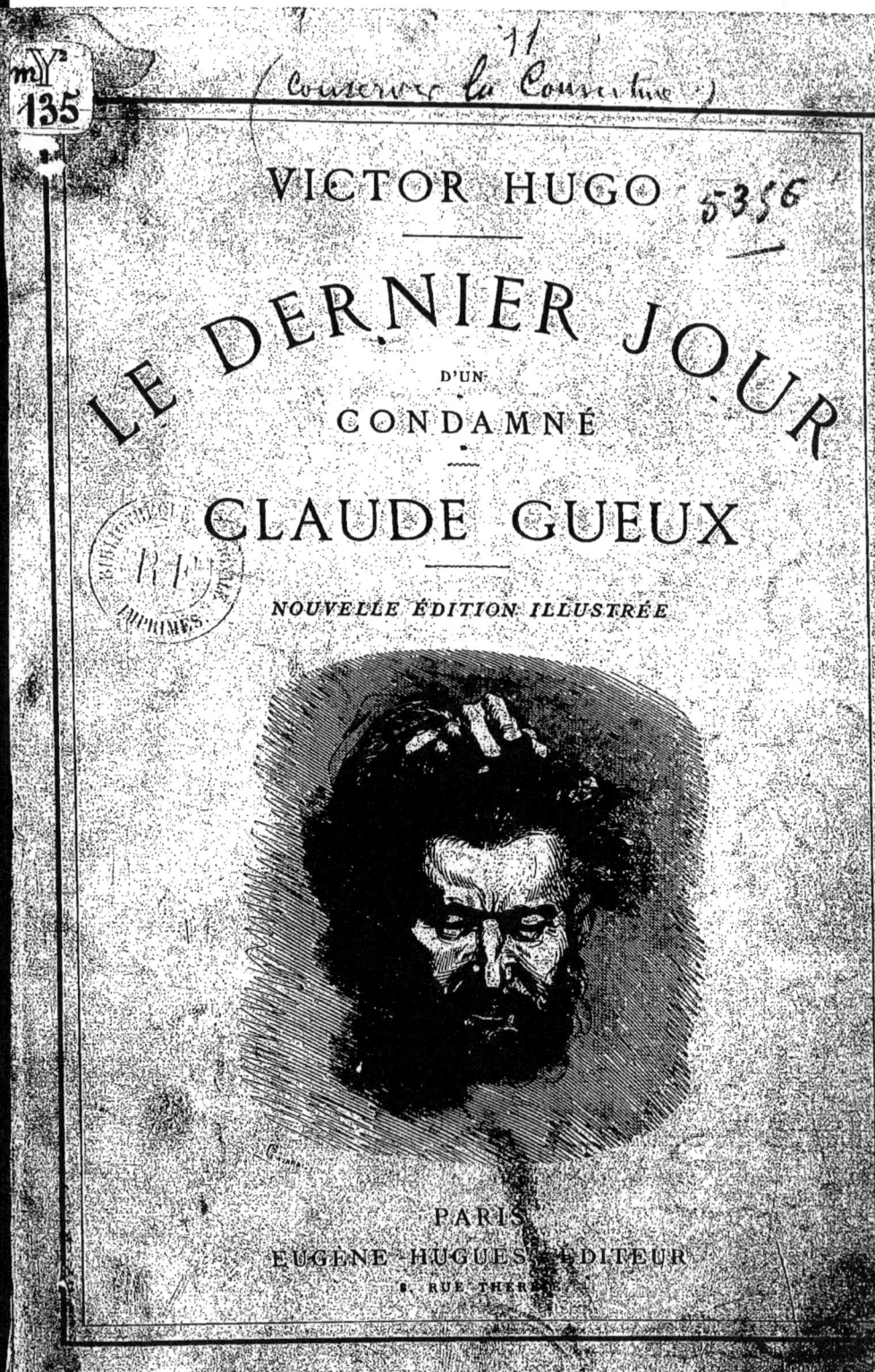

PARIS

EUGÈNE HUGUES, ÉDITEUR

8, RUE THÉRÈSE

IL A ÉTÉ TIRÉ DE CETTE ÉDITION

6o exemplaires sur papier de Chine, numérotés

———

EXEMPLAIRE $\mathcal{N}^o$ 1

LE

DERNIER JOUR

D'UN CONDAMNÉ

—

CLAUDE GUEUX

VICTOR HUGO

LE DERNIER JOUR

D'UN

CONDAMNÉ

CLAUDE GUEUX

NOUVELLE ÉDITION ILLUSTRÉE

GAVARNI

PARIS

EUGENE HUGUES, ÉDITEUR

8, RUE THÉRÈSE

Il n'y avait en tête des premières éditions de cet ouvrage, publié d'abord sans nom d'auteur, que les quelques lignes qu'on va lire :

« Il y a deux manières de se rendre compte de l'existence de ce livre. Ou il y a eu, en effet, une liasse de papiers jaunes et inégaux sur lesquels on a trouvé, enregistrées une à une, les dernières pensées d'un misérable ; ou il s'est rencontré un homme, un rêveur occupé à observer la nature au profit de l'art, un philosophe, un poëte, que sais-je ? dont cette idée a été la fantaisie, qui l'a prise ou plutôt s'est laissé prendre par elle, et n'a pu s'en débarrasser qu'en la jetant dans un livre.

« De ces deux explications, le lecteur choisira celle qu'il voudra. »

Comme on le voit, à l'époque où ce livre fut publié, l'auteur ne jugea pas à propos de dire dès lors toute sa pensée. Il aima mieux attendre qu'elle fût comprise et voir si elle le serait. Elle l'a été. L'auteur aujourd'hui peut démasquer l'idée politique, l'idée sociale, qu'il avait voulu populariser sous cette innocente et candide forme littéraire. Il déclare donc, ou plutôt il avoue hautement que le *Dernier Jour d'un condamné* n'est autre chose qu'un plaidoyer, direct ou indirect, comme on voudra, pour l'abolition de la peine de mort. Ce qu'il a eu dessein de faire, ce qu'il voudrait que la postérité vît dans son œuvre, si jamais elle s'occupe de si peu, ce n'est pas la défense spéciale, et toujours facile, et toujours transitoire, de tel ou tel criminel choisi, de tel ou tel accusé d'élection ; c'est la plaidoirie générale et permanente pour tous les accusés présents et à venir ; c'est le grand point de droit de l'humanité allégué et plaidé à toute voix devant la société qui est la grande cour de cassation ; c'est cette suprême fin de non-recevoir, *abhorrescere a sanguine*, construite à tout jamais en avant de tous les procès criminels ; c'est la sombre et fatale question qui palpite obscurément au fond de toutes les causes capitales sous les triples épaisseurs de pathos dont l'enveloppe la rhétorique sanglante des gens du roi ; c'est la question de vie et de mort, dis-je, déshabillée, dénudée, dépouillée des entortillages sonores du parquet, brutalement mise au jour, et posée où il faut qu'on la voie et où il faut qu'elle soit, où elle est réellement, dans son vrai milieu, dans son milieu horrible, non au tribunal, mais à l'échafaud, non chez le juge, mais chez le bourreau.

Voilà ce qu'il a voulu faire. Si l'avenir lui décernait un jour la gloire de l'avoir fait, ce qu'il n'ose espérer, il ne voudrait pas d'autre couronne.

Il le déclare donc, et il le répète, il occupe, au nom de tous les accusés possibles, innocents ou coupables, devant toutes les cours, tous les prétoires, tous les jurys, toutes les justices. Ce livre est adressé à quiconque juge. Et pour que le plaidoyer soit aussi vaste que la cause, il a dû, et c'est pour cela que le *Dernier Jour d'un condamné* est ainsi fait, élaguer de toutes parts dans son sujet le contingent, l'accident, le particulier, le spécial, le relatif, le modifiable, l'épisode, l'anecdote, l'événement, le nom propre, et se borner (si c'est là se borner) à plaider la cause d'un condamné quelconque, exécuté un jour quelconque, pour un crime quelconque. Heureux si, sans autre outil que sa pensée, il a fouillé assez avant pour faire saigner un cœur sous l'*æs triplex* du magistrat ! heureux s'il a rendu pitoyables ceux qui se croient justes ! heureux si, à force de creuser dans le juge, il a réussi quelquefois à y retrouver un homme !

Il y a trois ans, quand ce livre parut, quelques personnes imaginèrent que cela valait bien la peine d'en contester l'idée à l'auteur. Les uns supposèrent un livre anglais, les autres un livre américain. Singulière manie de chercher à mille lieues les origines des choses, et de faire couler des sources du Nil le ruisseau qui lave votre rue! Hélas! il n'y a en ceci ni livre anglais, ni livre américain, ni livre chinois. L'auteur a pris l'idée du *Dernier Jour d'un condamné*, non dans un livre, il n'a pas l'habitude d'aller chercher ses idées si loin, mais là où vous pouviez tous la prendre, où vous l'avez prise peut-être (car qui n'a fait ou rêvé dans son esprit *le Dernier Jour d'un condamné?*), tout bonnement sur la place publique, sur la place de Grève. C'est là qu'un jour en passant il a ramassé cette idée fatale, gisante dans une mare de sang sous les rouges moignons de la guillotine.

Depuis, chaque fois qu'au gré des funèbres jeudis de la cour de cassation, il arrivait un de ces jours où le cri d'un arrêt de mort se fait dans Paris, chaque fois que l'auteur entendait passer sous ses fenêtres ces hurleurs enroués qui ameutent des spectateurs pour la Grève, chaque fois la douloureuse idée lui revenait, s'emparait de lui, lui emplissait la tête de gendarmes, de bourreaux et de foule, lui expliquait heure par heure les dernières souffrances du misérable agonisant, — en ce moment on le confesse, en ce moment on lui coupe les cheveux, en ce moment on lui lie les mains, — le sommait, lui pauvre poëte, de dire tout cela à la société, qui fait ses affaires pendant que cette chose monstrueuse s'accomplit, le pressait, le poussait, le secouait, lui arrachait ses vers de l'esprit, s'il était en train d'en faire, et les tuait à peine ébauchés, barrait tous ses travaux, se mettait en travers de tout, l'investissait, l'obsédait, l'assiégeait. C'était un supplice, un supplice qui commençait avec le jour, et qui durait, comme celui du misérable qu'on torturait au même moment, jusqu'à *quatre heures*. Alors seulement, une fois le *ponens caput expiravit* crié par la voix sinistre de l'horloge, l'auteur respirait et retrouvait quelque liberté d'esprit. Un jour enfin, c'était, à ce qu'il croit, le lendemain de l'exécution d'Ulbach, il se mit à écrire ce livre. Depuis lors il a été soulagé. Quand un de ces crimes publics, qu'on nomme exécutions judiciaires, a été commis, sa conscience lui a dit qu'il n'en était plus solidaire; et il n'a plus senti à son front cette goutte de sang qui rejaillit de la Grève sur la tête de tous les membres de la communauté sociale.

Toutefois, cela ne suffit pas. Se laver les mains est bien, empêcher le sang de couler serait mieux.

Aussi ne connaîtrait-il pas de but plus élevé, plus saint, plus auguste que celui-là : concourir à l'abolition de la peine de mort. Aussi est-ce du fond du cœur qu'il adhère aux vœux et aux efforts des hommes généreux de toutes les nations qui travaillent depuis plusieurs années à jeter bas l'arbre patibulaire, le seul arbre que les révolutions ne déracinent pas. C'est avec joie qu'il vient à son tour, lui chétif, donner son coup de cognée, et élargir de son mieux l'entaille que Beccaria a faite, il y a soixante-six ans, au vieux gibet dressé depuis tant de siècles sur la chrétienté.

Nous venons de dire que l'échafaud est le seul édifice que les révolutions ne démolissent pas. Il est rare, en effet, que les révolutions soient sobres de sang humain, et, venues qu'elles sont pour émonder, pour ébrancher, pour étêter la société, la peine de mort est une des serpes dont elles se dessaisissent le plus malaisément.

Nous l'avouerons cependant, si jamais révolution nous parut digne et capable d'abolir la peine de mort, c'est la révolution de juillet. Il semble, en effet, qu'il appartenait au mouvement populaire le plus clément des temps modernes de raturer la pénalité barbare de Louis XI, de Richelieu et de Robespierre, et d'inscrire au fond de la loi l'inviolabilité de la vie humaine. 1830 méritait de briser le couperet de 93.

Nous l'avons espéré un moment. En août 1830, il y avait tant de générosité dans l'air, un tel esprit de douceur et de civilisation flottait dans les masses, on se sentait le cœur si bien épanoui par l'approche d'un bel avenir, qu'il nous sembla que la peine de mort était abolie, de droit, d'emblée, d'un consentement tacite et unanime, comme le reste des choses mauvaises qui nous avaient gênés. Le peuple venait de faire un feu de joie des guenilles de l'ancien régime. Celle-là était la guenille sanglante. Nous la crûmes dans le tas. Nous la crûmes brûlée comme les autres. Et pendant quelques semaines, confiant et crédule, nous eûmes foi pour l'avenir à l'inviolabilité de la vie, comme à l'inviolabilité de la liberté.

Et en effet deux mois s'étaient à peine écoulés qu'une tentative fut faite pour résoudre en réalité légale l'utopie sublime de César Bonesana.

Malheureusement, cette tentative fut gauche, maladroite, presque hypocrite, et faite dans un autre intérêt que l'intérêt général.

Au mois d'octobre 1830, on se le rappelle, quelques jours après avoir écarté par l'ordre du jour la proposition d'ensevelir Napoléon sous la colonne, la Chambre tout entière se mit à pleurer et à bramer. La question de la peine de mort fut remise sur le tapis, nous allons dire quelques lignes plus bas à quelle occasion ; et alors il sembla que toutes ces entrailles de législateurs étaient prises d'une subite et merveilleuse miséricorde. Ce fut à qui parlerait, à qui gémirait, à qui lèverait les mains au ciel. La peine de mort, grand Dieu ! quelle horreur ! Tel vieux procureur général, blanchi dans la robe rouge, qui avait mangé toute sa vie le pain trempé de sang des réquisitoires, se composa tout à coup un air piteux et attesta les dieux qu'il était indigné de la guillotine. Pendant deux jours la tribune ne désemplit pas de harangueurs en pleureuses. Ce fut une lamentation, une myriologie, un concert de psaumes lugubres, un *Super flumina Babylonis*, un *Stabat mater dolorosa*, une grande symphonie en ut, avec chœurs, exécutée par tout cet orchestre d'orateurs qui garnit les premiers bancs de la Chambre, et rend de si beaux sons dans les grands jours. Tel vint avec sa basse, tel avec son fausset. Rien n'y manqua. La chose fut on ne peut plus pathétique et pitoyable. La séance de nuit surtout fut tendre, paterne et déchirante comme un cinquième acte de Lachaussée. Le bon public, qui n'y comprenait rien, avait les larmes aux yeux. *

De quoi s'agissait-il donc ? d'abolir la peine de mort ?

Oui et non.

Voici le fait.

Quatre hommes du monde, quatre hommes comme il faut, de ces hommes qu'on a pu rencontrer dans un salon, et avec qui peut-être on a échangé quelques paroles polies ; quatre de ces hommes, dis-je, avaient tenté, dans les hautes régions politiques, un de ces coups hardis que Bâcon appelle *crimes*, et que Machiavel appelle *entreprises*. Or, crimes ou entreprises, la loi, brutale pour tout, punit cela de mort. Et les quatre malheureux étaient là, prisonniers, captifs de la loi, gardés par trois cents cocardes tricolores sous les belles ogives de Vincennes. Que faire et comment faire ? Vous comprenez qu'il est impossible d'envoyer à la Grève, dans une charrette, ignoblement liés avec de grosses cordes, dos à dos avec ce fonctionnaire qu'il ne faut pas seulement nommer, quatre hommes comme vous et moi, quatre *hommes du monde* ? Encore s'il y avait une guillotine en acajou !

Eh ! il n'y a qu'à abolir la peine de mort !

Et là-dessus, la Chambre se met en besogne.

Remarquez, messieurs, qu'hier encore, vous traitiez cette abolition d'utopie, de théorie, de rêve, de folie, de poésie. Remarquez que ce n'est pas la première fois qu'on cherche à appeler votre attention sur la charrette, sur les grosses cordes et sur l'horrible machine écarlate,

---

* Nous ne prétendons pas envelopper dans le même dédain *tout* ce qui a été dit à cette occasion à la Chambre. Il s'est bien prononcé çà et là quelques belles et dignes paroles. Nous avons applaudi, comme tout le monde, au discours grave et simple de M. de Lafayette, et, dans une autre nuance, à la remarquable improvisation de M. Villemain.

b

et qu'il est étrange que ce hideux attirail vous saute ainsi aux yeux tout à coup.

Bah! c'est bien de cela qu'il s'agit! Ce n'est pas à cause de vous, peuple, que nous abolissons la peine de mort, mais à cause de nous, députés, qui pouvons être ministres. Nous ne voulons pas que la mécanique de Guillotin morde les hautes classes. Nous la brisons. Tant mieux si cela arrange tout le monde, mais nous n'avons songé qu'à nous. Ucalégon brûle. Éteignons le feu. Vite, supprimons le bourreau, biffons le code

Et c'est ainsi qu'un alliage d'égoïsme altère et dénature les plus belles combinaisons sociales. C'est la veine noire dans le marbre blanc; elle circule partout, et apparaît à tout moment à l'improviste sous le ciseau. Votre statue est à refaire.

Certes, il n'est pas besoin que nous le déclarions ici, nous ne sommes pas de ceux qui réclamaient les têtes des quatre ministres. Une fois ces infortunés arrêtés, la colère indignée que nous avait inspirée leur attentat s'est changée, chez nous comme chez tout le monde, en une profonde pitié. Nous avons songé aux préjugés d'éducation de quelques-uns d'entre eux, au cerveau peu développé de leur chef, relaps fanatique et obstiné des conspirations de 1804, blanchi avant l'âge sous l'ombre humide des prisons d'état, aux nécessités fatales de leur position commune, à l'impossibilité d'enrayer sur cette pente rapide où la monarchie s'était lancée elle-même à toute bride le 8 août 1829, à l'influence trop peu calculée par nous jusqu'alors de la personne royale, surtout à la dignité que l'un d'entre eux répandait comme un manteau de pourpre sur leur malheur. Nous sommes de ceux qui leur souhaitaient bien sincèrement la vie sauve, et qui étaient prêts à se dévouer pour cela. Si jamais, par impossible, leur échafaud eût été dressé un jour en Grève, nous ne doutons pas, et si c'est une illusion nous voulons la conserver, nous ne doutons pas qu'il n'y eût eu une émeute pour le renverser, et celui qui écrit ces lignes eût été de cette sainte émeute. Car, il faut bien le dire aussi, dans les crises sociales, de tous les échafauds, l'échafaud politique est le plus abominable, le plus funeste, le plus vénéneux, le plus nécessaire à extirper. Cette espèce de guillotine-là prend racine dans le pavé, et en peu de temps repousse de bouture sur tous les points du sol.

En temps de révolution, prenez garde à la première tête qui tombe. Elle met le peuple en appétit.

Nous étions donc personnellement d'accord avec ceux qui voulaient épargner les quatre ministres, et d'accord de toutes manières, par les raisons sentimentales comme par les raisons politiques. Seulement, nous eussions mieux aimé que la Chambre choisît une autre occasion pour proposer l'abolition de la peine de mort.

Si on l'avait proposée, cette souhaitable abolition, non à propos de quatre ministres tombés des Tuileries à Vincennes, mais à propos du premier voleur de grands chemins venu, à propos d'un de ces misérables que vous regardez à peine quand ils passent près de vous dans la rue, auxquels vous ne parlez pas, dont vous évitez instinctivement le coudoiement poudreux ; malheureux dont l'enfance déguenillée a couru pieds nus dans la boue des carrefours, grelottant l'hiver au rebord des quais, se chauffant au soupirail des cuisines de M. Véfour chez qui vous dînez, déterrant çà et là une croûte de pain dans un tas d'ordures et l'essuyant avant de la manger, grattant tout le jour le ruisseau avec un clou pour y trouver un liard, n'ayant d'autre amusement que le spectacle gratis de la fête du roi et les exécutions en Grève, cet autre spectacle gratis ; pauvres diables, que la faim pousse au vol, et le vol au reste ; enfants déshérités d'une société marâtre, que la maison de force prend à douze ans, le bagne à dix-huit, l'échafaud à quarante ; infortunés qu'avec une école et un atelier vous auriez pu rendre bons, moraux, utiles, et dont vous ne savez que faire, les versant, comme un fardeau inutile, tantôt dans la rouge fourmilière de Toulon, tantôt dans le muet enclos de Clamart, leur retranchant la vie après leur avoir ôté la liberté ; si c'eût été à propos d'un de ces hommes que vous eussiez proposé d'abolir la peine de mort, oh ! alors, votre séance eût été vraiment digne, grande, sainte, majestueuse, vénérable. Depuis les augustes pères de Trente, invitant les hérétiques au concile au nom des entrailles de Dieu, *per viscera Dei*, parce qu'on espère leur conversion, *quoniam sancta synodis sperat hæreticorum conversionem*, jamais assemblée d'hommes n'aurait présenté au monde un spectacle plus sublime, plus illustre et plus miséricordieux. Il a toujours appartenu à ceux qui sont vraiment forts et vraiment grands d'avoir souci du faible et du petit. Un conseil de brahmines serait beau prenant en main la cause du paria. Et ici la cause du paria, c'était la cause du peuple. En abolissant la peine de mort, à cause de lui et sans attendre que vous fussiez intéressés dans la question, vous faisiez plus qu'une œuvre politique, vous faisiez une œuvre sociale.

Tandis que vous n'avez pas même fait une œuvre politique en essayant de l'abolir, non pour l'abolir, mais pour sauver quatre malheureux ministres pris la main dans le sac des coups d'état !

Qu'est-il arrivé ? c'est que, comme vous n'étiez pas sincères, on a été défiant. Quand le peuple a vu qu'on voulait lui donner le change, il s'est fâché contre toute la question en masse, et, chose remarquable il a pris fait et cause pour cette peine de mort dont il supporte pourtant tout le poids. C'est votre maladresse qui l'a amené là. En abordant la question de biais et sans franchise, vous l'avez compromise pour long-temps. Vous jouiez une comédie. On l'a sifflée.

Cette farce pourtant, quelques esprits avaient eu la bonté de la prendre au sérieux. Immédiatement après la fameuse séance, ordre avait été donné aux procureurs généraux, par un garde des sceaux honnête homme, de suspendre indéfiniment toutes exécutions capi-tales. C'était en apparence un grand pas. Les adversaires de la peine de mort respirèrent. Mais leur illusion fut de courte durée.

Le procès des ministres fut mené à fin. Je ne sais quel arrêt fut rendu. Les quatre vies furent épargnées. Ham fut choisi comme juste milieu entre la mort et la liberté. Ces divers arrangements une fois faits, toute peur s'évanouit dans l'esprit des hommes d'état dirigeants, et, avec la peur, l'humanité s'en alla. Il ne fut plus question d'abolir le supplice capital ; et une fois qu'on n'eut plus besoin d'elle, l'utopie redevint utopie, la théorie, théorie, la poésie, poésie.

Il y avait pourtant toujours dans les prisons quelques malheureux condamnés vulgaires qui se promenaient dans les préaux depuis cinq ou six mois, respirant l'air, tranquilles désormais, sûrs de vivre, prenant leur sursis pour leur grâce.

Mais attendez.

Le bourreau, à vrai dire, avait eu grand'peur. Le jour où il avait entendu nos faiseurs de lois parler humanité, philanthropie, progrès, il s'était cru perdu. Il s'était caché le misérable, il s'était blotti sous sa guillotine, mal à l'aise au soleil de juillet comme un oiseau de nuit en plein jour, tâchant de se faire oublier, se bouchant les oreilles et n'osant souffler. On ne le voyait plus depuis six mois. Il ne donnait plus signe de vie. Peu à peu cependant il s'était rassuré dans ses ténèbres. Il avait écouté du côté des Chambres et n'avait plus entendu prononcer son nom. Plus de ces grands mots sonores dont il avait eu si grande frayeur. Plus de commentaires déclamatoires du *Traité des Délits et des Peines*. On s'occupait de toute autre chose, de quelque grave intérêt social, d'un chemin vicinal, d'une subvention pour l'Opéra-Comique, ou d'une saignée de cent mille francs sur un budget apoplectique de quinze cents millions.

Personne ne songeait plus à lui, coupe-tête. Ce que voyant l'homme se tranquillise, il met sa tête hors de son trou, et regarde de tous côtés ; il fait un pas, puis deux, comme je ne sais plus quelle souris de La Fontaine, puis il se hasarde à sortir tout à fait de dessous son écha-faudage, puis il saute dessus, le raccommode, le restaure, le fourbit, le caresse, le fait jouer, le fait reluire, se remet à suifer la vieille mécanique rouillée que l'oisiveté détraquait ; tout à coup il se retourne, saisit au hasard par les cheveux, dans la première prison venue, un de ces infortunés qui comptaient sur la vie, le tire à lui, le dépouille, l'attache, le boucle, et voilà les exécutions qui recommencent.

Tout cela est affreux, mais c'est de l'histoire.

Oui, il y a eu un sursis de six mois accordé à de malheureux captifs, dont on a gratuitement aggravé la peine de cette façon en les faisant reprendre à la vie ; puis, sans raison, sans nécessité, sans trop savoir pourquoi, *pour le plaisir*, on a un beau matin révoqué le sursis, et l'on a remis froidement toutes ces créatures humaines en coupe réglée. Eh ! mon Dieu ! je vous le demande, qu'est-ce que cel. nous faisait à tous que ces hommes vécussent ? Est-ce qu'il n'y a pas en France assez d'air à respirer pour tout le monde ?

Pour qu'un jour un misérable commis de la chancellerie, à qui cela était égal, se soit levé de sa chaise en disant : — Allons ! personne ne songe plus à l'abolition de la peine de mort. Il est temps de se remettre à guillotiner ! — il faut qu'il se soit passé dans le cœur de cet homme-là quelque chose de bien monstrueux.

Du reste, disons-le, jamais les exécutions n'ont été accompagnées de circonstances plus atroces que depuis cette révocation du sursis de juillet. Jamais l'anecdote de la Grève n'a été plus révoltante et n'a mieux prouvé l'exécration de la peine de mort. Ce redoublement d'horreur est le juste châtiment des hommes qui ont remis le code du sang en vigueur. Qu'ils soient punis par leur œuvre. C'est bien fait.

Il faut citer ici deux ou trois exemples de ce que certaines exécutions ont eu d'épouvantable et d'impie. Il faut donner mal aux nerfs aux femmes des procureurs du roi. Une femme, c'est quelquefois une conscience.

Dans le midi, vers la fin du mois de septembre dernier, nous n'avons pas bien présents à l'esprit le lieu, le jour, ni le nom du condamné, mais nous les retrouverons si l'on conteste le fait, et nous croyons que c'est à Pamiers ; vers la fin de septembre donc, on vient trouver un homme dans sa prison, où il jouait tranquillement aux cartes ; on lui signifie qu'il faut mourir dans deux heures, ce qui le fait trembler de tous ses membres, car, depuis six mois qu'on l'oubliait, il ne comptait plus sur la mort ; on le rase, on le tond, on le garotte, on le confesse ; puis on le brouette entre quatre gendarmes, et à travers la foule, au lieu de l'exécution. Jusqu'ici rien que de simple. C'est comme cela que cela se fait. Arrivé à l'échafaud, le bourreau le prend au prêtre, l'emporte, le ficelle sur la bascule, *l'enfourne*, je me sers ici du mot d'argot, puis il lâche le couperet. Le lourd triangle de fer se détache avec peine, tombe en cahotant dans ses rainures, et, voici l'horrible qui commence, entaille l'homme sans le tuer. L'homme pousse un cri affreux. Le bourreau, déconcerté, relève le couperet et le laisse retomber. Le couperet mord le cou du patient une seconde fois, mais ne le tranche pas. Le patient hurle, la foule aussi. Le bourreau rehisse encore le couperet, espérant mieux du troisième coup. Point. Le troisième coup fait jaillir un troisième ruisseau de sang de la nuque du condamné, mais ne fait pas tomber la tête. Abrégeons. Le couteau remonta et retomba cinq fois, cinq fois il entama le condamné, cinq fois le condamné hurla sous le coup et secoua sa tête vivante en criant grâce! Le peuple indigné prit des pierres et se mit dans sa justice à lapider le bourreau. Le bourreau s'enfuit sous la guillotine et s'y tapit derrière les chevaux des gendarmes. Mais vous n'êtes pas au bout. Le supplicié, se voyant seul sur l'échafaud, s'était redressé sur la planche, et là, debout, effroyable, ruisselant de sang, soutenant sa tête à demi coupée qui pendait sur son épaule, il demandait avec de faibles cris qu'on vînt le détacher. La foule, pleine de pitié, était sur le point de forcer les gendarmes et de venir à l'aide du malheureux qui avait subi cinq fois son arrêt de mort. C'est en ce moment-là qu'un valet de bourreau, jeune homme de vingt ans, monte sur l'échafaud, dit au patient de se tourner pour qu'il le délie, et, profitant de la posture du mourant qui se livrait à lui sans défiance, saute sur son dos et se met à lui couper péniblement ce qui lui restait de cou avec je ne sais quel couteau de boucher. Cela s'est fait. Cela s'est vu. Oui.

Aux termes de la loi, un juge a dû assister à cette exécution! D'un signe il pouvait tout arrêter. Que faisait-il donc au fond de sa voiture, cet homme, pendant qu'on massacrait un homme? Que faisait-il, ce punisseur d'assassins, pendant qu'on assassinait en plein jour, sous ses yeux, sous le souffle de ses chevaux, sous la vitre de sa portière?

Et le juge n'a pas été mis en jugement! et le bourreau n'a pas été mis en jugement! Et aucun tribunal ne s'est enquis de cette monstrueuse extermination de toutes les lois sur la personne sacrée d'une créature de Dieu!

Au dix-septième siècle, à l'époque de barbarie du code criminel, sous Richelieu, sous Christophe Fouquet, quand M. de Chalais fut mis à mort devant le Bouffay de Nantes par un soldat maladroit qui, au lieu d'un coup d'épée, lui donna trente-quatre coups* d'une doloire de

* La Porte dit vingt-deux, mais Aubery dit trente-quatre. M. de Chalais cria jusqu'au vingtième.

tonnelier, du moins cela parut-il irrégulier au parlement de Paris ; il y eut enquête et procès, et si Richelieu ne fut pas puni, si Christophe Fouquet ne fut pas puni, le soldat le fut. Injustice sans doute, mais au fond de laquelle il y avait de la justice.

Ici, rien. La chose a eu lieu après juillet, dans un temps de douces mœurs et de progrès, un an après la célèbre lamentation de la Chambre sur la peine de mort. Eh bien ! le fait a passé absolument inaperçu. Les journaux de Paris l'ont publié comme une anecdote. Personne n'a été inquiété.

On a su seulement que la guillotine avait été disloquée exprès par quelqu'un *qui voulait nuire à l'exécuteur des hautes œuvres.*

C'était un valet du bourreau, chassé par son maître, qui, pour se venger, lui avait fait cette malice.

Ce n'était qu'une espièglerie. Continuons.

A Dijon, il y a trois mois, on a mené au supplice une femme. (Une femme !) Cette fois encore, le couteau du docteur Guillotin a mal fait son service. La tête n'a pas été tout à fait coupée. Alors les valets de l'exécuteur se sont attelés aux pieds de la femme, et à travers les hurlements de la malheureuse, et à force de tiraillements et de soubresauts, ils lui ont séparé la tête du corps par arrachement.

A Paris, nous revenons au temps des exécutions secrètes. Comme on n'ose plus décapiter en Grève depuis juillet, comme on a peur, comme on est lâche, voici ce qu'on fait. On a pris dernièrement à Bicêtre un homme, un condamné à mort, un nommé Désandrieux, je crois ; on l'a mis dans une espèce de panier traîné sur deux roues, clos de toutes parts, cadenassé et verrouillé ; puis, un gendarme en tête, un gendarme en queue, à petit bruit et sans foule, on a été déposer le paquet à la barrière déserte de Saint-Jacques. Arrivés là, il était huit heures du matin, à peine jour, il y avait une guillotine toute fraîche dressée, pour public, quelque douzaine de petits garçons groupés sur les tas de pierres voisins autour de la machine inattendue ; vite, on a tiré l'homme du panier, et, sans lui donner le temps de respirer, furtivement, sournoisement, honteusement, on lui a escamoté sa tête. Cela s'appelle un acte public et solennel de haute justice. Infâme dérision !

Comment donc les gens du roi comprennent-ils le mot civilisation ? Où en sommes-nous ? La justice ravalée aux stratagèmes et aux supercheries ! la loi aux expédients ! monstrueux !

C'est donc une chose bien redoutable qu'un condamné à mort, pour que la société le prenne en traître de cette façon !

Soyons juste pourtant, l'exécution n'a pas été tout à fait secrète. Le matin on a crié et vendu comme de coutume l'arrêt de mort dans les

carrefours de Paris. Il paraît qu'il y a des gens qui vivent de cette vente.

Vous entendez? du crime d'un infortuné, de son châtiment, de ses tortures, de son agonie, on fait une denrée, un papier qu'on vend un sou.

Concevez-vous rien de plus hideux que ce sou vertdegrisé dans le sang? Qui est-ce donc qui le ramasse?

Voilà assez de faits. En voilà trop. Est-ce que tout cela n'est pas horrible?

Qu'avez-vous à alléguer pour la peine de mort?

Nous faisons cette question sérieusement; nous la faisons pour qu'on y réponde; nous la faisons aux criminalistes, et non aux lettrés bavards. Nous savons qu'il y a des gens qui prennent l'excellence de la peine de mort pour texte à paradoxe comme tout autre thème. Il y en a d'autres qui n'aiment la peine de mort que parce qu'ils haïssent tel ou tel qui l'attaque. C'est pour eux une question quasi-littéraire, une question de personnes, une question de noms propres. Ceux-là sont les envieux, qui ne font pas plus faute aux bons jurisconsultes qu'aux

grands artistes. Les Joseph Grippa ne manquent pas plus aux Filan-
gieri que les Torregiani aux Michel-Ange et les Scudéri aux Corneille.

Ce n'est pas à eux que nous nous adressons, mais aux hommes de
loi proprement dits, aux dialecticiens, aux raisonneurs, à ceux qui
aiment la peine de mort pour la peine de mort, pour sa beauté, pour
sa bonté, pour sa grâce.

Voyons, qu'ils donnent leurs raisons.

Ceux qui jugent et qui condamnent disent la peine de mort nécessaire. D'abord, — parce qu'il importe de retrancher de la communauté
sociale un membre qui lui a déjà nui et qui pourrait lui nuire encore.
S'il ne s'agissait que de cela, la prison perpétuelle suffirait. A quoi bon
la mort ? Vous objectez qu'on peut s'échapper d'une prison ? faites mieux
votre ronde. Si vous ne croyez pas à la solidité des barreaux de fer,
comment osez-vous avoir des ménageries ?

Pas de bourreau où le geôlier suffit.

Mais, reprend-on, — il faut que la société se venge, que la société
punisse. — Ni l'un, ni l'autre. Se venger est de l'individu, punir est de
Dieu.

La société est entre deux. Le châtiment est au-dessus d'elle, la vengeance au-dessous. Rien de si grand et de si petit ne lui sied. Elle ne
doit pas « punir pour se venger » ; elle doit *corriger pour améliorer*.
Transformez de cette façon la formule des criminalistes, nous la com-
prenons et nous y adhérons.

Reste la troisième et dernière raison, la théorie de l'exemple. — Il
faut faire des exemples ! il faut épouvanter par le spectacle du sort
réservé aux criminels ceux qui seraient tentés de les imiter ! —Voilà bien
à peu près textuellement la phrase éternelle dont tous les réquisitoires
des cinq cents parquets de France ne sont que des variations plus ou
moins sonores. Eh bien ! nous nions d'abord qu'il y ait exemple. Nous
nions que le spectacle des supplices produise l'effet qu'on en attend. Loin
d'édifier le peuple, il le démoralise et ruine en lui toute sensibilité,
partant toute vertu. Les preuves abondent, et encombreraient notre
raisonnement si nous voulions en citer. Nous signalerons pourtant un
fait entre mille, parce qu'il est le plus récent. Au moment où nous
écrivons, il n'a que dix jours de date. Il est du 5 mars, dernier jour du
carnaval. A Saint-Pol, immédiatement après l'exécution d'un incen-
diaire nommé Louis Camus, une troupe de masques est venue danser
autour de l'échafaud encore fumant. Faites donc des exemples ! le
mardi gras vous rit au nez.

Que si malgré l'expérience, vous tenez à votre théorie routinière de
l'exemple, alors rendez-nous le seizième siècle, soyez vraiment formi-

dables, rendez-nous la variété des supplices, rendez-nous Farinacci, rendez-nous les tourmenteurs jurés, rendez-nous le gibet, la roue, le bûcher, l'estrapade, l'essorillement, l'écartèlement, la fosse à enfouir vif, la cuve à bouillir vif ; rendez-nous, dans tous les carrefours de Paris, comme une boutique de plus ouverte parmi les autres, le hideux étal du bourreau, sans cesse garni de chair fraîche. Rendez-nous Montfaucon, ses seize piliers de pierre, ses brutes assises, ses caves à ossements, ses poutres, ses crocs, ses chaînes, ses brochettes de squelettes, son éminence de plâtre tachetée de corbeaux, ses potences succursales, et l'odeur de cadavre que par le vent du nord-est il répand à larges bouffées sur tout le faubourg du Temple. Rendez-nous dans sa permanence et dans sa puissance ce gigantesque appentis du bourreau de Paris. A la bonne heure! voilà de l'exemple en grand. Voilà de la peine de mort bien comprise. Voilà un système de supplices qui a quelque proportion. Voilà qui est horrible, mais qui est terrible.

Ou bien faites comme en Angleterre. En Angleterre, pays de commerce, on prend un contrebandier sur la côte de Douvres, on le pend *pour l'exemple, pour l'exemple* on le laisse accroché au gibet; mais, comme les intempéries de l'air pourraient détériorer le cadavre, on l'enveloppe soigneusement d'une toile enduite de goudron, afin d'avoir à le renouveler moins souvent. O terre d'économie! goudronner les pendus!

Cela pourtant a encore quelque logique. C'est la façon la plus humaine de comprendre la théorie de l'exemple.

Mais vous, est-ce bien sérieusement que vous croyez faire un exemple quand vous égorgillez misérablement un pauvre homme dans le recoin le plus désert des boulevards extérieurs? En Grève, en plein jour, passe encore; mais à la barrière Saint-Jacques! mais à huit heures du matin! Qui est-ce qui passe là? Qui est-ce qui va là? Qui est-ce qui sait que vous tuez un homme là? Qui est-ce qui se doute que vous faites un exemple là? Un exemple pour qui? Pour les arbres du boulevard, apparemment.

Ne voyez-vous donc pas que vos exécutions publiques se font en tapinois? Ne voyez-vous donc pas que vous vous cachez? Que vous avez peur et honte de votre œuvre? Que vous balbutiez ridiculement votre *discite justitiam moniti?* Qu'au fond vous êtes ébranlés, interdits, inquiets, peu certains d'avoir raison, gagnés par le doute général, coupant des têtes par routine et sans trop savoir ce que vous faites? Ne sentez-vous pas au fond du cœur que vous avez tout au moins perdu le sentiment moral et social de la mission de sang que vos prédécesseurs, les vieux parlementaires, accomplissaient avec une conscience si tranquille? La nuit, ne retournez-vous pas plus souvent qu'eux la tête sur votre oreiller? D'autres avant vous ont ordonné des exécutions capitales, mais ils s'estimaient dans le droit, dans le juste, dans le bien. Jouvenel des Ursins se croyait un juge; Élie de Thorrette se croyait un juge; Laubardemont, La Reynie et Laffemas eux-mêmes se croyaient des juges; vous, dans votre for intérieur, vous n'êtes pas bien sûrs de ne pas être des assassins!

Vous quittez la Grève pour la barrière Saint-Jacques, la foule pour la solitude, le jour pour le crépuscule. Vous ne faites plus fermement ce que vous faites. Vous vous cachez, vous dis-je.

Toutes les raisons pour la peine de mort, les voilà donc démolies. Voilà tous les syllogismes de parquet mis à néant. Tous ces copeaux de réquisitoires, les voilà balayés et réduits en cendres. Le moindre attouchement de la logique dissout tous les mauvais raisonnements.

Que les gens du roi ne viennent donc plus nous demander des têtes, à nous jurés, à nous hommes, en nous adjurant d'une voix caressante, au nom de la société à protéger, de la vindicte publique à assurer, des exemples à faire. Rhétorique, ampoule, et néant que tout cela! un coup d'épingle dans ces hyperboles, et vous les désenflez. Au fond de ce doucereux verbiage, vous ne trouvez que dureté de cœur, cruauté, barbarie, envie de prouver son zèle, nécessité de gagner ses honoraires. Taisez-vous, mandarins! Sous la patte de velours du juge on sent les ongles du bourreau.

Il est difficile de songer de sang-froid à ce que c'est qu'un procureur royal criminel. C'est un homme qui gagne sa vie à envoyer les autres à l'échafaud. C'est le pourvoyeur titulaire des places de Grève. Du reste, c'est un monsieur qui a des prétentions au style et aux lettres, qui est beau parleur ou croit l'être, qui récite au besoin un vers latin ou deux avant de conclure à la mort, qui cherche à faire de l'effet, qui intéresse son amour-propre, ô misère! là où d'autres ont leur vie engagée, qui a ses modèles à lui, ses types désespérants à atteindre, ses classiques, son Bellart, son Marchangy, comme tel poëte a Racine et tel autre Boileau. Dans le débat, il tire du côté de la guillotine, c'est son rôle, c'est son état. Son réquisitoire, c'est son œuvre littéraire, il le fleurit de métaphores, il le parfume de citations, il faut que cela soit beau à l'audience, que cela plaise aux dames. Il a son bagage de lieux communs encore très neufs pour la province, ses élégances d'élocution, ses recherches, ses raffinements d'écrivain. Il hait le mot propre presque autant que nos poëtes tragiques de l'école de Delille. N'ayez pas peur qu'il appelle les choses par leur nom. Fi donc! Il a pour toute idée dont la nudité vous révolterait des déguisements complets d'épithètes et d'adjectifs. Il rend M. Samson présentable. Il gaze le couperet. Il estompe la bascule. Il entortille le panier rouge dans une périphrase. On ne sait plus ce que c'est. C'est douceâtre et décent. Vous le représentez-vous, la nuit, dans son cabinet, élaborant à loisir et de son mieux cette harangue qui fera dresser un échafaud dans six semaines? Le voyez-vous suant sang et eau pour emboîter la tête d'un accusé dans le plus fatal article du code? Le voyez-vous scier avec une loi mal faite le cou d'un misérable? Remarquez-vous comme il fait infuser dans un gâchis de tropes et de synecdoches deux ou trois textes vénéneux pour en exprimer et en extraire à grand'peine la mort d'un homme? N'est-il pas vrai que, tandis qu'il écrit, sous sa table, dans l'ombre, il a probablement le bourreau accroupi à ses pieds, et qu'il arrête de temps en temps sa plume pour lui dire, comme le maître à son chien : — Paix là! paix là! tu vas avoir ton os!

Du reste dans la vie privée, cet homme du roi peut être un honnête homme, bon père, bon fils, bon mari, bon ami, comme disent toutes les épitaphes du Père-Lachaise.

Espérons que le jour est prochain où la loi abolira ces fonctions funèbres. L'air seul de notre civilisation doit dans un temps donné user la peine de mort.

On est parfois tenté de croire que les défenseurs de la peine de mort n'ont pas bien réfléchi à ce que c'est. Mais pesez donc un peu à la balance de quelque crime que ce soit ce droit exorbitant que la société s'arroge d'ôter ce qu'elle n'a pas donné, cette peine, la plus irréparable des peines irréparables !

De deux choses l'une :

Ou l'homme que vous frappez est sans famille, sans parents, sans adhérents dans ce monde. Et, dans ce cas, il n'a reçu ni éducation, ni instruction, ni soins pour son esprit, ni soins pour son cœur ; et alors de quel droit tuez-vous ce misérable orphelin ? Vous le punissez de ce que son enfance a rampé sur le sol sans tige et sans tuteur ! Vous lui imputez à forfait l'isolement où vous l'avez laissé ! De son malheur vous faites son crime ! Personne ne lui a appris à savoir ce qu'il faisait. Cet homme ignore. Sa faute est à sa destinée, non à lui. Vous frappez un innocent.

Ou cet homme a une famille ; et alors croyez-vous que le coup dont vous l'égorgez ne blesse que lui seul ? que son père, que sa mère, que ses enfants, n'en saigneront pas ? Non. En le tuant, vous décapitez toute sa famille. Et ici encore vous frappez des innocents.

Gauche et aveugle pénalité, qui, de quelque côté qu'elle se tourne, frappe l'innocent!

Cet homme, ce coupable qui a une famille, séquestrez-le. Dans sa prison, il pourra travailler encore pour les siens. Mais comment les fera-t-il vivre du fond de son tombeau ? Et songez-vous sans frissonner à ce que deviendront ces petits garçons, ces petites filles, auxquelles vous ôtez leur père, c'est-à-dire leur pain? Est-ce que vous comptez sur cette famille pour approvisionner dans quinze ans, eux le bagne, elles le musico ? Oh! les pauvres innocents !

Aux colonies, quand un arrêt de mort tue un esclave, il y a

mille francs d'indemnité pour le propriétaire de l'homme. Quoi! vous dédommagez le maître, et vous n'indemnisez pas la famille! Ici aussi ne prenez-vous pas un homme à ceux qui le possèdent? N'est-il pas, à un titre bien autrement sacré que l'esclave vis-à-vis du maître, la propriété de son père, le bien de sa femme, la chose de ses enfants?

Nous avons déjà convaincu votre loi d'assassinat. La voici convaincue de vol.

Autre chose encore. L'âme de cet homme, y songez-vous? Savez-vous dans quel état elle se trouve? Osez-vous bien l'expédier si lestement? Autrefois du moins, quelque foi circulait dans le peuple ; au moment suprême, le souffle religieux qui était dans l'air pouvait amollir le plus endurci ; un patient était en même temps un pénitent ; la religion lui ouvrait un monde au moment où la société lui en fermait un autre ; toute âme avait conscience de Dieu ; l'échafaud n'était qu'une frontière du ciel. Mais quelle espérance mettez-vous sur l'échafaud maintenant que la grosse foule ne croit plus? maintenant que toutes les religions sont attaquées du dry-rot, comme ces vieux vaisseaux qui pourrissent dans nos ports, et qui jadis peut-être ont découvert des mondes? maintenant que les petits enfants se moquent de Dieu? De quel droit lancez-vous dans quelque chose dont vous doutez vous-mêmes les âmes obscures de vos condamnés, ces âmes telles que Voltaire et M. Pigault-Lebrun les ont faites? Vous les livrez à votre aumônier de prison, excellent vieillard sans doute ; mais croit-il et fait-il croire? Ne grossoie-t-il pas comme une corvée son œuvre sublime? Est-ce que vous le prenez pour un prêtre, ce bonhomme qui coudoie le bourreau dans la charrette? Un écrivain plein d'âme et de talent l'a dit avant nous : *C'est une horrible chose de conserver le bourreau après avoir ôté le confesseur!*

Ce ne sont là, sans doute, que des « raisons sentimentales », comme disent quelques dédaigneux qui ne prennent leur logique que dans leur tête. A nos yeux, ce sont les meilleures. Nous préférons souvent les raisons du sentiment aux raisons de la raison. D'ailleurs les deux séries se tiennent toujours, ne l'oublions pas. Le *Traité des Délits* est greffé sur l'*Esprit des Lois*. Montesquieu a engendré Beccaria.

La raison est pour nous, le sentiment est pour nous, l'expérience est aussi pour nous. Dans les états modèles, où la peine de mort est abolie, la masse des crimes capitaux suit d'année en année une baisse progressive. Pesez ceci.

Nous ne demandons cependant pas pour le moment une brusque et complète abolition de la peine de mort, comme celle où s'était si étourdiment engagée la Chambre des députés. Nous désirons, au contraire, tous les essais, toutes les précautions, tous les tâtonnements de la prudence. D'ailleurs, nous ne voulons pas seulement l'abolition de la peine de mort, nous voulons un remaniement complet de la pénalité sous toutes ses formes, du haut en bas, depuis le verrou jusqu'au couperet, et le temps est un des ingrédients qui doivent entrer dans une pareille œuvre pour qu'elle soit bien faite. Nous comptons développer ailleurs, sur cette matière, le système d'idées que nous croyons applicable. Mais, indépendamment des abolitions partielles pour le cas de fausse monnaie, d'incendie, de vols qualifiés, etc., nous demandons que dès à présent, dans toutes les affaires capitales, le président soit tenu de poser au jury cette question : *L'accusé a-t-il agi par passion ou par intérêt?* et que, dans le cas où le jury répondrait : *L'accusé a agi par passion*, il n'y ait pas condamnation à mort. Ceci nous épargnerait du moins quelques exécutions révoltantes.

Ulbach et Debacker seraient sauvés. On ne guillotinerait plus Othello.

Au reste, qu'on ne s'y trompe pas, cette question de la peine de mort mûrit tous les jours. Avant peu, la société entière la résoudra comme nous.

Que les criminalistes les plus entêtés y fassent attention, depuis un siècle la peine de mort va s'amoindrissant. Elle se fait presque douce. Signe de décrépitude. Signe de faiblesse. Signe de mort prochaine. La torture a disparu. La roue a disparu. La potence a disparu. Chose étrange! la guillotine est un progrès.

M. Guillotin était un philanthrope.

Oui, l'horrible Thémis dentue et vorace de Farinace et de Vouglans, de Delancre et d'Isaac Loisel, d'Oppède et de Machault, dépérit. Elle maigrit. Elle se meurt.

Voici déjà la Grève qui n'en veut plus. La Grève se réhabilite. La vieille buveuse de sang s'est bien conduite en juillet. Elle veut mener désormais meilleure vie et rester digne de sa dernière belle action. Elle qui s'était prostituée depuis trois siècles à tous les échafauds, la pudeur la prend. Elle a honte de son ancien métier. Elle veut perdre son vilain nom. Elle répudie le bourreau. Elle lave son pavé.

A l'heure qu'il est la peine de mort est déjà hors de Paris. Or, disons-le bien ici, sortir de Paris c'est sortir de la civilisation.

Tous les symptômes sont pour nous. Il semble aussi qu'elle se rebute et qu'elle rechigne cette hideuse machine, ou plutôt ce monstre fait de bois et de fer qui est à Guillotin ce que Galatée est à Pygmalion. Vues d'un certain côté, les effroyables exécutions que nous avons détaillées plus haut sont d'excellents signes. La guillotine hésite. Elle en est à manquer son coup. Tout le vieil échafaudage de la peine de mort se détraque.

L'infâme machine partira de France, nous y comptons, et, s'il plaît à Dieu, elle partira en boitant, car nous tâcherons de lui porter de rudes coups.

Qu'elle aille demander l'hospitalité ailleurs, à quelque peuple barbare, non à la Turquie, qui se civilise, non aux sauvages qui ne voudraient pas d'elle* ; mais qu'elle descende quelques échelons encore de l'échelle de la civilisation, qu'elle aille en Espagne ou en Russie.

L'édifice social du passé reposait sur trois colonnes, le prêtre, le roi, le bourreau. Il y a déjà longtemps qu'une voix a dit : *Les dieux s'en vont!* Dernièrement une autre voix s'est élevée et a crié : *Les rois s'en vont!* Il est temps maintenant qu'une troisième voix s'élève et dise : *Le bourreau s'en va!*

Ainsi l'ancienne société sera tombée pierre à pierre ; ainsi la providence aura complété l'écroulement du passé.

A ceux qui ont regretté les dieux, on a pu dire : Dieu reste. A ceux qui regrettent les rois, on peut dire : La patrie reste. A ceux qui regretteraient le bourreau on n'a rien à dire.

Et l'ordre ne disparaîtra pas avec le bourreau ; ne le croyez point. La voûte de la société future ne croulera pas pour n'avoir point cette clef hideuse.

La civilisation n'est autre chose qu'une série de transformations successives. A quoi donc allez-vous assister? à la transformation de la pénalité. La douce loi du Christ pénétrera enfin le code et rayonnera à travers. On regardera le crime comme une maladie, et cette maladie aura ses médecins qui remplaceront vos juges, ses hôpitaux qui remplaceront vos bagnes. La liberté et la santé se ressembleront. On versera le baume et l'huile où l'on appliquait le fer et le feu. On traitera par la charité ce mal qu'on traitait par la colère. Ce sera simple et sublime. La croix substituée au gibet. Voilà tout.

15 mars 1832.

* Le « parlement » d'Otahiti vient d'abolir la peine de mort.

UNE COMÉDIE

A PROPOS D'UNE TRAGÉDIE

———

Nous avons cru devoir réimprimer ici l'espèce de préface en dialogue qu'on va lire, et qui accompagnait la quatrième édition du *Dernier Jour d'un condamné*. Il faut se rappeler, en la lisant, au milieu de quelles objections politiques, morales et littéraires les premières éditions de ce livre furent publiées. (*Édition de 1832*).

PERSONNAGES.

MADAME DE BLINVAL.
LE CHEVALIER.
ERGASTE.
UN POËTE ÉLÉGIAQUE.
UN PHILOSOPHE.
UN GROS MONSIEUR.
UN MONSIEUR MAIGRE.
DES FEMMES.
UN LAQUAIS.

— Un Salon —

UN POËTE ÉLÉGIAQUE, lisant.

. . . .
Le lendemain des pas traversaient la forêt,
Un chien le long du fleuve en aboyant errait;
Et quand la bachelette en larmes
Revint s'asseoir, le cœur rempli d'alarmes,
Sur la tant vieille tour de l'antique châtel,
Elle entendit les flots gémir, la triste Isaure,
Mais plus n'entendit la mandore
Du gentil ménestrel!

TOUT L'AUDITOIRE.

Bravo! charmant! ravissant!

On bat des mains.

MADAME DE BLINVAL.

Il y a dans cette fin un mystère indéfinissable qui tire les larmes
des yeux.

LE POÈTE ÉLÉGIAQUE, modestement.

La catastrophe est voilée.

LE CHEVALIER, hochant la tête.

Mandore, ménestrel, c'est du romantique ça!

LE POÈTE ÉLÉGIAQUE.

Oui, monsieur, mais du romantique raisonnable, du vrai romantique. Que voulez-vous? il faut bien faire quelques concessions.

LE CHEVALIER.

Des concessions! des concessions! c'est comme cela qu'on perd
le goût. Je donnerais tous les vers romantiques seulement pour ce
quatrain :

> De par le Pinde et par Cythère,
> Gentil-Bernard est averti
> Que l'Art d'Aimer doit samedi
> Venir souper chez l'Art de Plaire.

Voilà la vraie poésie! *L'Art d'Aimer qui soupe samedi chez
l'Art de Plaire!* à la bonne heure! Mais aujourd'hui c'est *la mandore,
le ménestrel.* On ne fait plus de *poésies fugitives.* Si j'étais poëte, je
ferais des *poésies fugitives;* mais je ne suis pas poëte, moi.

LE POÈTE ÉLÉGIAQUE.

Cependant, les élégies....

LE CHEVALIER.

Poésies fugitives, monsieur. (Bas à Mᵐᵉ de Blinval) Et puis, *châtel*
n'est pas français; on dit *castel.*

QUELQU'UN, au poëte élégiaque.

Une observation, monsieur. Vous dites l'*antique* châtel, pourquoi
pas le *gothique?*

Le chevalier.

LE POËTE ÉLÉGIAQUE.

Gothique! ne se dit pas en vers.

LE QUELQU'UN.

Ah! c'est différent.

LE POËTE ÉLÉGIAQUE, poursuivant.

Voyez-vous bien, monsieur, il faut se borner. Je ne suis pas de
ceux qui veulent désorganiser le vers français, et nous ramener à
l'époque des Ronsard et des Brébeuf. Je suis romantique, mais modéré.
C'est comme pour les émotions. Je les veux douces, rêveuses, mélan-
coliques, mais jamais de sang, jamais d'horreurs. Voiler les catastro-
phes. Je sais qu'il y a des gens, des fous, des imaginations en délire
qui.... Tenez, mesdames, avez-vous lu le nouveau roman?

LES DAMES.

Quel roman?

LE POËTE ÉLÉGIAQUE.

Le Dernier Jour...

UN GROS MONSIEUR.

Assez, monsieur! je sais ce que vous voulez dire. Le titre seul me fait mal aux nerfs.

MADAME DE BLINVAL.

Et à moi aussi. C'est un livre affreux. Je l'ai là.

LES DAMES.

Voyons, voyons.

On se passe le livre de main en main.

QUELQU'UN, lisant.

Le Dernier Jour d'un...

LE GROS MONSIEUR.

Grâce, madame!

MADAME DE BLINVAL.

En effet, c'est un livre abominable, un livre qui donne le cauchemar, un livre qui rend malade.

UNE FEMME, bas.

Il faudra que je lise cela.

LE GROS MONSIEUR.

Il faut convenir que les mœurs vont se dépravant de jour en jour. Mon Dieu, l'horrible idée! développer, creuser, analyser, l'une après l'autre, et sans en passer une seule, toutes les souffrances physiques, toutes les tortures morales que doit éprouver un homme condamné à mort, le jour de l'exécution! Cela n'est-il pas atroce? Comprenez-vous, mesdames, qu'il se soit trouvé un écrivain pour cette idée, et un public pour cet écrivain?

LE CHEVALIER.

Voilà en effet qui est souverainement impertinent.

MADAME DE BLINVAL.

Qu'est-ce que c'est que l'auteur?

LE GROS MONSIEUR.

Il n'y avait pas de nom à la première édition.

LE POÈTE ÉLÉGIAQUE.

C'est le même qui a déjà fait deux autres romans. Ma foi, j'ai oublié les titres. Le premier commence à la Morgue et finit à la Grève. A chaque chapitre, il y a un ogre qui mange un enfant.

Madame de Blinval.

LE GROS MONSIEUR.

Vous avez lu cela, monsieur?

LE POËTE ÉLÉGIAQUE.

Oui, monsieur; la scène se passe en Islande.

LE GROS MONSIEUR.

En Islande, c'est épouvantable!

LE POËTE ÉLÉGIAQUE.

Il a fait en outre des odes, des ballades, je ne sais quoi, où il y a des monstres qui ont des *corps bleus.*

LE CHEVALIER, riant.

Corbleu! cela doit faire un furieux vers.

La jeune femme.

LE POËTE ÉLÉGIAQUE.

Il a publié aussi un drame, — on appelle cela un drame, — où l'on trouve ce beau vers :

Demain vingt-cinq juin mil six cent cinquante-sept.

QUELQU'UN.

Ah, ce vers !

LE POËTE ÉLÉGIAQUE.

Cela peut s'écrire en chiffres, voyez-vous, mesdames :

Demain, 25 juin 1657.

Il rit. On rit

LE CHEVALIER.

C'est une chose particulière que la poésie d'à présent.

LE GROS MONSIEUR.

Ah çà ! il ne sait pas versifier, cet homme-là ! Comment donc s'appelle-t-il déjà ?

LE POËTE ÉLÉGIAQUE.

Il a un nom aussi difficile à retenir qu'à prononcer. Il y a du goth, du visigoth, de l'ostrogoth dedans.

Il rit.

MADAME DE BLINVAL.

C'est un vilain homme.

LE GROS MONSIEUR.

Un abominable homme.

UNE JEUNE FEMME.

Quelqu'un qui le connaît m'a dit....

LE GROS MONSIEUR.

Vous connaissez quelqu'un qui le connaît?

LA JEUNE FEMME.

Oui, et qui dit que c'est un homme doux, simple, qui vit dans la retraite, et passe ses journées à jouer avec ses petits enfants.

LE POËTE.

Et ses nuits à rêver des œuvres de ténèbres. — C'est singulier, voilà un vers que j'ai fait tout naturellement. Mais c'est qu'il y est, le vers :

Et ses nuits à rêver des œuvres de ténèbres.

Avec une bonne césure. Il n'y a plus que l'autre rime à trouver. Pardieu ! *funèbres.*

MADAME DE BLINVAL.

Quidquid tentabat dicere, versus erat.

LE GROS MONSIEUR.

Vous disiez donc que l'auteur en question a des petits enfants. Impossible, madame. Quand on a fait cet ouvrage-là ! un roman atroce !

QUELQU'UN.

Mais, ce roman, dans quel but l'a-t-il fait?

LE POËTE ÉLÉGIAQUE.

Est-ce que je sais, moi?

UN PHILOSOPHE.

A ce qu'il paraît, dans le but de concourir à l'abolition de la peine de mort.

LE GROS MONSIEUR.

Une horreur, vous dis-je !

LE CHEVALIER.

Ah çà ! c'est donc un duel avec le bourreau?

e — 19

Le gros monsieur.

LE POËTE ÉLÉGIAQUE.

Il en veut terriblement à la guillotine.

UN MONSIEUR MAIGRE.

Je vois cela d'ici ; des déclamations.

LE GROS MONSIEUR.

Point. Il y a à peine deux pages sur ce texte de la peine de mort.
Tout le reste, ce sont des sensations.

LE PHILOSOPHE.

Voilà le tort. Le sujet méritait le raisonnement. Un drame, un
roman ne prouve rien. Et puis, j'ai lu le livre, et il est mauvais.

LE POËTE ÉLÉGIAQUE.

Détestable ! Est-ce que c'est là de l'art ? C'est passer les bornes,
c'est casser les vitres. Encore, ce criminel, si je le connaissais ? mais
point. Qu'a-t-il fait ? on n'en sait rien. C'est peut-être un fort mauvais

Le monsieur maigre.

drôle. On n'a pas le droit de m'intéresser à quelqu'un que je ne connais pas.

LE GROS MONSIEUR.

On n'a pas le droit de faire éprouver à son lecteur des souffrances physiques. Quand je vois des tragédies, on se tue, eh bien ! cela ne me fait rien. Mais ce roman, il vous fait dresser les cheveux sur la tête, il vous fait venir la chair de poule, il vous donne de mauvais rêves. J'ai été deux jours au lit pour l'avoir lu.

LE PHILOSOPHE.

Ajoutez à cela que c'est un livre froid et compassé.

LE POËTE.

Un livre !... un livre !...

LE PHILOSOPHE.

Oui. — Et comme vous disiez tout à l'heure, monsieur, ce n'est

point là de véritable esthétique. Je ne m'intéresse pas à une abstraction, à une entité pure. Je ne vois point là une personnalité qui s'adé-
quate avec la mienne. Et puis le style n'est ni simple ni clair. Il sent
l'archaïsme. C'est bien là ce que vous disiez, n'est-ce pas?

LE POËTE.

Sans doute, sans doute. Il ne faut pas de personnalités.

LE PHILOSOPHE.

Le condamné n'est pas intéressant.

LE POËTE.

Comment intéresserait-il? il a un crime et pas de remords.
J'eusse fait le contraire. J'eusse conté l'histoire de mon condamné.
Né de parents honnêtes. Une bonne éducation. De l'amour. De la
jalousie. Un crime qui n'en soit pas un. Et puis des remords, des
remords, beaucoup de remords. Mais les lois humaines sont impla-
cables; il faut qu'il meure. Et là j'aurais traité ma question de la peine
de mort. A la bonne heure!

MADAME DE BLINVAL.

Ah! ah!

LE PHILOSOPHE.

Pardon. Le livre, comme l'entend monsieur, ne prouverait rien.
La particularité ne régit pas la généralité.

LE POËTE.

Eh bien! mieux encore; pourquoi n'avoir pas choisi pour héros,
par exemple.... Malesherbes, le vertueux Malesherbes? son dernier
jour son supplice? Oh! alors, beau et noble spectacle! J'eusse pleuré,
j'eusse frémi, j'eusse voulu monter sur l'échafaud avec lui.

LE PHILOSOPHE.

Pas moi.

LE CHEVALIER.

Ni moi. C'était un révolutionnaire, au fond, que votre M. de
Malesherbes.

LE PHILOSOPHE.

L'échafaud de Malesherbes ne prouve rien contre la peine de mort
en général.

Le philosophe.

LE GROS MONSIEUR.

La peine de mort ! à quoi bon s'occuper de cela ? Qu'est-ce que cela vous fait, la peine de mort ? Il faut que cet auteur soit bien mal né, de venir nous donner le cauchemar à ce sujet avec son livre !

MADAME DE BLINVAL.

Ah ! oui, un bien mauvais cœur !

LE GROS MONSIEUR.

Il nous force à regarder dans les prisons, dans les bagnes, dans Bicêtre. C'est fort désagréable. On sait bien que ce sont des cloaques ; mais qu'importe à la société ?

MADAME DE BLINVAL.

Ceux qui ont fait les lois n'étaient pas des enfants.

LE PHILOSOPHE.

Ah, cependant, en présentant les choses avec vérité...

LE MONSIEUR MAIGRE.

Eh! c'est justement ce qui manque, la vérité. Que voulez-vous qu'un poëte sache sur de pareilles matières? Il faudrait être au moins procureur du roi. Tenez, j'ai lu dans une citation qu'un journal fait de ce livre, que le condamné ne dit rien quand on lui lit son arrêt de mort; eh bien, moi, j'ai vu un condamné qui, dans ce moment-là, a poussé un grand cri. — Vous voyez.

LE PHILOSOPHE.

Permettez...

LE MONSIEUR MAIGRE.

Tenez, messieurs, la guillotine, la Grève, c'est de mauvais goût; — et la preuve, c'est qu'il paraît que c'est un livre qui corrompt le goût, et vous rend incapable d'émotions pures, fraîches, naïves. Quand donc se lèveront les défenseurs de la saine littérature? Je voudrais être, et mes réquisitoires m'en donneraient peut-être le droit, membre de l'Académie française.... — Voilà justement monsieur Ergaste, qui en est. Que pense-t-il du *Dernier Jour d'un condamné?*

ERGASTE.

Ma foi, monsieur, je ne l'ai lu ni ne le lirai. Je dînais hier chez Mme de Sénange, et la marquise de Morival en a parlé au duc de Melcourt. On dit qu'il y a des personnalités contre la magistrature, et surtout contre le président d'Alimont. L'abbé de Floricour aussi était indigné. Il paraît qu'il y a un chapitre contre la religion, et un chapitre contre la monarchie. Si j'étais procureur du roi!...

LE CHEVALIER.

Ah bien oui, procureur du roi! et la charte! et la liberté de la presse! Cependant un poëte qui veut supprimer la peine de mort, vous conviendrez que c'est odieux. Ah! ah! dans l'ancien régime, quelqu'un qui se serait permis de publier un roman contre la torture!... — Mais depuis la prise de la Bastille on peut tout écrire. Les livres font un mal affreux.

LE GROS MONSIEUR.

Affreux. — On était tranquille, on ne pensait à rien. Il se coupait bien de temps en temps en France une tête par-ci par-là, deux tout au plus par semaine. Tout cela sans bruit, sans scandale. Ils ne disaient rien. Personne n'y songeait. Pas du tout, voilà un livre... — un livre qui vous donne un mal de tête horrible!

Ergaste.

LE MONSIEUR MAIGRE.

Le moyen qu'un juré condamne après l'avoir lu !

ERGASTE.

Cela trouble les consciences.

MADAME DE BLINVAL.

Ah! les livres! les livres! Qui eût dit cela d'un roman?

LE POËTE.

Il est certain que les livres sont bien souvent un poison subversif de l'ordre social.

LE MONSIEUR MAIGRE.

Sans compter la langue, que messieurs les romantiques révolutionnent aussi.

LE POËTE.

Distinguons, monsieur; il y a romantiques et romantiques.

LE MONSIEUR MAIGRE.

Le mauvais goût, le mauvais goût.

ERGASTE.

Vous avez raison. Le mauvais goût,

LE MONSIEUR MAIGRE.

Il n'y a rien à répondre à cela.

LE PHILOSOPHE, appuyé au fauteuil d'une dame.

Ils disent là des choses qu'on ne dit même plus rue Mouffetard.

ERGASTE.

Ah! l'abominable livre !

MADAME DE BLINVAL.

Hé ! ne le jetez pas au feu. Il est à la loueuse.

LE CHEVALIER.

Parlez-moi de notre temps. Comme tout s'est dépravé depuis, le goût et les mœurs ! Vous souvient-il de notre temps, madame de Blinval ?

MADAME DE BLINVAL.

Non, monsieur, il ne m'en souvient pas.

LE CHEVALIER.

Nous étions le peuple le plus doux, le plus gai, le plus spirituel. Toujours de belles fêtes, de jolis vers. C'était charmant. Y a-t-il rien de plus galant que le madrigal de M. de La Harpe sur le grand bal que Mme la maréchale de Mailly donna en mil sept cent... l'année de l'exécution de Damiens ?

LE GROS MONSIEUR, soupirant.

Heureux temps ! Maintenant les mœurs sont horribles, et les livres aussi. C'est le beau vers de Boileau :

Et la chute des arts suit la décadence des mœurs.

LE PHILOSOPHE, bas au poëte.

Soupe-t-on, dans cette maison?

LE POËTE ÉLÉGIAQUE.

Oui, tout à l'heure.

LE MONSIEUR MAIGRE.

Maintenant on veut abolir la peine de mort, et pour cela on fait des romans cruels, immoraux et de mauvais goût, *le Dernier Jour d'un condamné*, que sais-je ?

LE GROS MONSIEUR.

Tenez, mon cher, ne parlons plus de ce livre atroce ; et, puisque je vous rencontre, dites-moi, que faites-vous de cet homme dont nous avons rejeté le pourvoi depuis trois semaines ?

LE MONSIEUR MAIGRE.

Ah ! un peu de patience ! je suis en congé ici. Laissez-moi respirer. A mon retour. Si cela tarde trop pourtant, j'écrirai à mon substitut....

UN LAQUAIS, entrant.

Madame est servie.

I

Condamné à mort !

Voilà cinq semaines que j'habite avec cette pensée, toujours seul
avec elle, toujours glacé de sa présence, toujours courbé sous son
poids !

Autrefois, car il me semble qu'il y a plutôt des années que des semaines, j'étais un homme comme un autre homme. Chaque jour, chaque heure, chaque minute avait son idée. Mon esprit, jeune et riche, était plein de fantaisies. Il s'amusait à me les dérouler les unes après les autres, sans ordre et sans fin, brodant d'inépuisables arabesques cette rude et mince étoffe de la vie. C'étaient des jeunes filles, de splendides chapes d'évêque, des batailles gagnées, des théâtres pleins de bruit et de lumière, et puis encore des jeunes filles et de sombres promenades la nuit sous les larges bras des marronniers. C'était toujours fête dans mon imagination. Je pouvais penser à ce que je voulais, j'étais libre.

Maintenant je suis captif. Mon corps est aux fers dans un cachot, mon esprit est en prison dans une idée. Une horrible, une sanglante, une implacable idée ! Je n'ai plus qu'une pensée, qu'une conviction, qu'une certitude : condamné à mort !

Quoi que je fasse, elle est toujours là, cette pensée infernale, comme un spectre de plomb à mes côtés, seule et jalouse, chassant toute distraction, face à face avec moi misérable, et me secouant de ses deux mains de glace quand je veux détourner la tête ou fermer les yeux. Elle se glisse sous toutes les formes où mon esprit voudrait la fuir, se mêle comme un refrain horrible à toutes les paroles qu'on m'adresse, se colle avec moi aux grilles hideuses de mon cachot, m'obsède éveillé, épie mon sommeil convulsif, et reparaît dans mes rêves sous la forme d'un couteau.

Je viens de m'éveiller en sursaut, poursuivi par elle et me disant : — Ah ! ce n'est qu'un rêve ! — Eh bien ! avant même que mes yeux lourds aient eu le temps de s'entr'ouvrir assez pour voir cette fatale pensée écrite dans l'horrible réalité qui m'entoure, sur la dalle mouillée et suante de ma cellule, dans les rayons pâles de ma lampe de nuit, dans la trame grossière de la toile de mes vêtements, sur la sombre figure du soldat de garde dont la giberne reluit à travers la grille du cachot, il me semble que déjà une voix a murmuré à mon oreille : — Condamné à mort !

II

C'était par une belle matinée d'août.

Il y avait trois jours que mon procès était entamé ; trois jours que mon nom et mon crime ralliaient chaque matin une nuée de spectateurs, qui venaient s'abattre sur les bancs de la salle d'audience comme des corbeaux autour d'un cadavre ; trois jours que toute cette fantasmagorie des juges, des témoins, des avocats, des procureurs du roi, passait et repassait devant moi, tantôt grotesque, tantôt sanglante, toujours sombre et fatale. Les deux premières nuits, d'inquiétude et de terreur, je n'en avais pu dormir ; la troisième, j'en avais dormi d'ennui et de fatigue. A minuit, j'avais laissé les jurés délibérant. On m'avait ramené sur la paille de mon cachot, et j'étais tombé sur-le-champ dans un sommeil profond, dans un sommeil d'oubli. C'étaient les premières heures de repos depuis bien des jours.

J'étais encore au plus profond de ce profond sommeil lorsqu'on vint me réveiller. Cette fois il ne suffit point du pas lourd et des souliers ferrés du guichetier, du cliquetis de son nœud de clefs, du grincement rauque des verrous ; il fallut pour me tirer de ma léthargie sa rude voix à mon oreille et sa main rude sur mon bras. — Levez-vous donc ! — J'ouvris les yeux, je me dressai effaré sur mon séant. En ce moment, par l'étroite et haute fenêtre de ma cellule, je vis au plafond du corridor voisin, seul ciel qu'il me fût donné d'entrevoir, ce reflet jaune où des yeux habitués aux ténèbres d'une prison savent si bien reconnaître le soleil. J'aime le soleil.

— Il fait beau, dis-je au guichetier.

Il resta un moment sans me répondre, comme ne sachant si cela valait la peine de dépenser une parole ; puis avec quelque effort il murmura brusquement :

— C'est possible.

Je demeurais immobile, l'esprit à demi endormi, la bouche souriante, l'œil fixé sur cette douce réverbération dorée qui diaprait le plafond.

— Voilà une belle journée, répétai-je.

— Oui, me répondit l'homme, on vous attend.

Ce peu de mots, comme le fil qui rompt le vol de l'insecte, me rejeta violemment dans la réalité. Je revis soudain, comme dans la lumière d'un éclair, la sombre salle des assises, le fer à cheval des juges chargé de haillons ensanglantés, les trois rangs de témoins aux faces stupides, les deux gendarmes aux deux bouts de mon banc, et les robes noires s'agiter, et les têtes de la foule fourmiller au fond dans l'ombre, et s'arrêter sur moi le regard fixe de ces douze jurés, qui avaient veillé pendant que je dormais !

Je me levai ; mes dents claquaient, mes mains tremblaient et ne savaient où trouver mes vêtements, mes jambes étaient faibles. Au premier pas que je fis, je trébuchai comme un portefaix trop chargé. Cependant je suivis le geôlier.

Les deux gendarmes m'attendaient au seuil de la cellule. On me remit les menottes. Cela avait une petite serrure compliquée qu'ils fermèrent avec soin. Je laissai faire ; c'était une machine sur une machine.

Nous traversâmes une cour intérieure. L'air vif du matin me ranima. Je levai la tête. Le ciel était bleu, et les rayons chauds du soleil, découpés par les longues cheminées, traçaient de grands angles de lumière au faîte des murs hauts et sombres de la prison. Il faisait beau en effet.

Nous montâmes un escalier tournant en vis ; nous passâmes un corridor, puis un autre, puis un troisième ; puis une porte basse s'ouvrit. Un air chaud, mêlé de bruit, vint me frapper au visage ; c'était le souffle de la foule dans la salle des assises. J'entrai.

Il y eut à mon apparition une rumeur d'armes et de voix. Les banquettes se déplacèrent bruyamment, les cloisons craquèrent ; et, pendant que je traversais la longue salle entre deux masses de peuple murées de soldats, il me semblait que j'étais le centre auquel se rattachaient les fils qui faisaient mouvoir toutes ces faces béantes et penchées.

En cet instant je m'aperçus que j'étais sans fers ; mais je ne pus me rappeler où ni quand on me les avait ôtés.

Alors il se fit un grand silence. J'étais parvenu à ma place. Au moment où le tumulte cessa dans la foule, il cessa aussi dans mes idées. Je compris tout à coup clairement ce que je n'avais fait qu'entrevoir confusément jusqu'alors, que le moment décisif était venu, et que j'étais là pour entendre ma sentence.

L'explique qui pourra, de la manière dont cette idée me vint elle ne me causa pas de terreur. Les fenêtres étaient ouvertes ; l'air et le bruit de la ville arrivaient librement de dehors ; la salle était claire comme pour une noce ; les gais rayons du soleil traçaient çà et là la figure lumineuse des croisées, tantôt allongée sur le plancher, tantôt développée sur les tables, tantôt brisée à l'angle des murs ; et de ces losanges éclatants aux fenêtres, chaque rayon découpait dans l'air un grand prisme de poussière d'or.

Les juges, au fond de la salle, avaient l'air satisfait, probablement de la joie d'avoir bientôt fini.

Le visage du président, doucement éclairé par le reflet d'une vitre, avait quelque chose de calme et de bon ; et un jeune assesseur causait presque gaîment en chiffonnant son rabat avec une jolie dame en chapeau rose, placée par faveur derrière lui.

Les jurés seuls paraissaient blêmes et abattus, mais c'était apparemment de fatigue d'avoir veillé toute la nuit. Quelques-uns bâillaient. Rien, dans leur contenance, n'annonçait des hommes qui viennent de porter une sentence de mort ; et sur les figures de ces bons bourgeois je ne devinais qu'une grande envie de dormir.

En face de moi une fenêtre était toute grande ouverte. J'entendais rire sur le quai des marchandes de fleurs ; et, au bord de la croisée, une jolie petite plante jaune, toute pénétrée d'un rayon de soleil, jouait avec le vent dans une fente de la pierre.

Comment une idée sinistre aurait-elle pu poindre parmi tant de gracieuses sensations ? Inondé d'air et de soleil, il me fut impossible de penser à autre chose qu'à la liberté ; l'espérance vint rayonner en moi comme le jour autour de moi ; et, confiant, j'attendis ma sentence comme on attend la délivrance et la vie.

Cependant mon avocat arriva. On l'attendait. Il venait de déjeuner copieusement et de bon appétit. Parvenu à sa place, il se pencha vers moi avec un sourire.

— J'espère, me dit-il.

— N'est-ce pas ? répondis-je, léger et souriant aussi.

— Oui, reprit-il ; je ne sais rien encore de leur déclaration, mais ils auront sans doute écarté la préméditation, et alors ce ne sera que les travaux forcés à perpétuité.

— Que dites-vous là, monsieur? répliquai-je indigné; plutôt cent fois la mort!

Oui, la mort! — Et d'ailleurs, me répétait je ne sais quelle voix intérieure, qu'est-ce que je risque à dire cela? A-t-on jamais prononcé sentence de mort autrement qu'à minuit, aux flambeaux, dans une salle sombre et noire, et par une froide nuit de pluie d'hiver? Mais au mois d'août, à huit heures du matin, un si beau jour, ces bons jurés, c'est impossible! Et mes yeux revenaient se fixer sur la jolie fleur jaune au soleil.

Tout à coup le président, qui n'attendait que l'avocat, m'invita à me lever. La troupe porta les armes; comme par un mouvement électrique, toute l'assemblée fut debout au même instant. Une figure insignifiante et nulle, placée à une table au-dessous du tribunal, c'était, je pense, le greffier, prit la parole, et lut le verdict que les jurés avaient prononcé en mon absence. Une sueur froide sortit de tous mes membres; je m'appuyai au mur pour ne pas tomber.

— Avocat, avez-vous quelque chose à dire sur l'application de la peine? demanda le président.

J'aurais eu, moi, tout à dire, mais rien ne me vint. Ma langue resta collée à mon palais.

Le défenseur se leva.

Je compris qu'il cherchait à atténuer la déclaration du jury, et à mettre dessous, au lieu de la peine qu'elle provoquait, l'autre peine, celle que j'avais été si blessé de lui voir espérer.

Il fallut que l'indignation fût bien forte, pour se faire jour à travers les mille émotions qui se disputaient ma pensée. Je voulus répéter à haute voix ce que je lui avais déjà dit : Plutôt cent fois la mort! Mais l'haleine me manqua, et je ne pus que l'arrêter rudement par le bras, en criant avec une force convulsive : Non!

Le procureur général combattit l'avocat, et je l'écoutai avec une satisfaction stupide. Puis les juges sortirent, puis ils rentrèrent, et le président me lut mon arrêt.

— Condamné à mort! dit la foule; et tandis qu'on m'emmenait, tout ce peuple se rua sur mes pas avec le fracas d'un édifice qui se démolit. Moi je marchais, ivre et stupéfait. Une révolution venait de se faire en moi. Jusqu'à l'arrêt de mort, je m'étais senti respirer, palpiter, vivre dans le même milieu que les autres hommes; maintenant je distinguais clairement comme une clôture entre le monde et moi. Rien ne m'apparaissait plus sous le même aspect qu'auparavant. Ces larges fenêtres lumineuses, ce beau soleil, ce ciel pur, cette jolie fleur, tout cela était blanc et pâle, de la couleur d'un linceul. Ces hommes, ces femmes, ces enfants qui se pressaient sur mon passsage, je leur trouvais des airs de fantômes.

Au bas de l'escalier, une noire et sale voiture grillée m'attendait. Au moment d'y monter, je regardai au hasard dans la place. — Un condamné à mort! criaient les passants en courant vers la voiture. A travers le nuage qui me semblait s'être interposé entre les choses et moi, je distinguai deux jeunes filles qui me suivaient avec des yeux avides. — Bon, dit la plus jeune en battant des mains, ce sera dans six semaines!

III

Condamné à mort!

Eh bien, pourquoi non? *Les hommes*, je me rappelle l'avoir lu dans je ne sais quel livre où il n'y avait que cela de bon, *les hommes sont tous condamnés à mort avec des sursis indéfinis.* Qu'y a-t-il donc de si changé à ma situation?

Depuis l'heure où mon arrêt m'a été prononcé, combien sont morts qui s'arrangeaient pour une longue vie! Combien m'ont devancé qui, jeunes, libres et sains, comptaient bien aller voir tel jour tomber ma tête en place de Grève! Combien d'ici là peut-être qui marchent et respirent au grand air, entrent et sortent à leur gré, et qui me devanceront encore!

Et puis, qu'est-ce que la vie a donc de si regrettable pour moi? En vérité, le jour sombre et le pain noir du cachot, la portion de bouillon maigre puisée au baquet des galériens, être rudoyé, moi qui suis raffiné par l'éducation, être brutalisé des guichetiers et des gardes-chiourme, ne pas voir un être humain qui me croie digne d'une parole et à qui je le rende, sans cesse tressaillir et de ce que j'ai fait et de ce qu'on me fera; voilà à peu près les seuls biens que puisse m'enlever le bourreau.

Ah! n'importe, c'est horrible.

IV

La voiture noire me transporta ici, dans ce hideux Bicêtre.

Vu de loin, cet édifice a quelque majesté. Il se déroule à l'horizon, au front d'une colline, et à distance garde quelque chose de son ancienne splendeur, un air de château de roi. Mais à mesure que vous approchez, le palais devient masure. Les pignons dégradés blessent l'œil. Je ne sais quoi de honteux et d'appauvri salit ces royales façades; on dirait que les murs ont une lèpre. Plus de vitres, plus de glaces aux fenêtres; mais de massifs barreaux de fer entre-croises, auxquels se colle çà et là quelque hâve figure d'un galérien ou d'un fou.

C'est la vie vue de près.

V

A peine arrivé, des mains de fer s'emparèrent de moi. On multiplia les précautions; point de couteau, point de fourchette pour mes repas; la *camisole de force*, une espèce de sac de toile à voiture, emprisonna mes bras; on répondait de ma vie. Je m'étais pourvu en cassation. On pouvait avoir pour six ou sept semaines cette affaire onéreuse, et il importait de me conserver sain et sauf à la place de Grève.

Les premiers jours on me traita avec une douceur qui m'était horrible. Les égards d'un guichetier sentent l'échafaud. Par bonheur, au bout de peu de jours, l'habitude reprit le dessus; ils me confondirent avec les autres prisonniers dans une commune brutalité, et n'eurent plus de ces distinctions inaccoutumées de politesse qui me remettaient sans cesse le bourreau sous les yeux. Ce ne fut pas la seule amélioration. Ma jeunesse, ma docilité, les soins de l'aumônier de la prison, et surtout quelques mots en latin que j'adressai au concierge, qui ne les comprit pas, m'ouvrirent la promenade une fois par semaine avec les autres détenus, et firent disparaître la camisole où j'étais paralysé. Après bien des hésitations, on m'a aussi donné de l'encre, du papier, des plumes, et une lampe de nuit.

Tous les dimanches, après la messe, on me lâche dans le préau, à l'heure de la récréation. Là, je cause avec les détenus ; il le faut bien. Ils sont bonnes gens, les misérables. Ils me content leurs tours, ce serait à faire horreur ; mais je sais qu'ils se vantent. Ils m'apprennent à parler argot, à *rouscailler bigorne*, comme ils disent. C'est toute une langue entée sur la langue générale comme une espèce d'excroissance hideuse, comme une verrue. Quelquefois une énergie singulière, un pittoresque effrayant : *il y a du résiné sur le trimar* (du sang sur le chemin), *épouser la veuve* (être pendu), comme si la corde du gibet était veuve de tous les pendus. La tête d'un voleur a deux noms : *la sorbonne*, quand elle médite, raisonne et conseille le crime ; *la tronche*, quand le bourreau la coupe. Quelquefois, de l'esprit de vaudeville : un *cachemire d'osier* (une hotte de chiffonnier), *la menteuse* (la langue) ; et puis partout, à chaque instant, des mots bizarres, mystérieux, laids et sordides, venus on ne sait d'où : *le taule* (le bourreau), *la cône* (la mort), *la placarde* (la place des exécutions). On dirait des crapauds et des araignées. Quand on entend parler cette langue, cela fait l'effet de quelque chose de sale et de poudreux, d'une liasse de haillons que l'on secouerait devant vous.

Du moins ces hommes-là me plaignent, ils sont les seuls. Les geôliers, les guichetiers, les porte-clefs, — je ne leur en veux pas, — causent et rient, et parlent de moi, devant moi, comme d'une chose.

VI

Je me suis dit :

— Puisque j'ai le moyen d'écrire, pourquoi ne le ferais-je pas ? Mais quoi écrire ? Pris entre quatre murailles de pierre nue et froide, sans liberté pour mes pas, sans horizon pour mes yeux, pour unique distraction machinalement occupé tout le jour à suivre la marche lente de ce carré blanchâtre que le judas de ma porte découpe vis-à-vis sur le mur sombre, et, comme je le disais tout à l'heure, seul à

seul avec une idée, une idée de crime et de châtiment, de meurtre et
de mort! est-ce que je puis avoir quelque chose à dire, moi qui n'ai
plus rien à faire dans ce monde? Et que trouverai-je dans ce cerveau
flétri et vide qui vaille la peine d'être écrit?

Pourquoi non? Si tout, autour de moi, est monotone et déco-
_loré, n'y a-t-il pas en moi une tempête, une lutte, une tragédie?
Cette idée fixe qui me possède ne se présente-t-elle pas à moi à
chaque heure, à chaque instant, sous une nouvelle forme, toujours
plus hideuse et plus ensanglantée à mesure que le terme approche?
Pourquoi n'essayerais-je pas de me dire à moi-même tout ce que
j'éprouve de violent et d'inconnu dans la situation abandonnée où me
voilà? Certes, la matière est riche; et, si abrégée que soit ma vie, il
y aura bien encore dans les angoisses, dans les terreurs, dans les
tortures qui la rempliront, de cette heure à la dernière, de quoi user
cette plume et tarir cet encrier. — D'ailleurs, ces angoisses, le seul
moyen d'en moins souffrir, c'est de les observer, et les peindre m'en
distraira.

Et puis, ce que j'écrirai ainsi ne sera peut-être pas inutile. Ce
journal de mes souffrances, heure par heure, minute par minute, supplice par supplice, si j'ai la force de le mener jusqu'au moment où il
me sera *physiquement* impossible de continuer, cette histoire, nécessairement inachevée, mais aussi complète que possible, de mes sensations, ne portera-t-elle point avec elle un grand et profond enseigne-
ment? N'y aurait-il pas dans ce procès-verbal de la pensée agonisante,
dans cette progression toujours croissante de douleurs, dans cette
espèce d'autopsie intellectuelle d'un condamné, plus d'une leçon pour
ceux qui condamnent? Peut-être cette lecture leur rendra-t-elle la
main moins légère quand il s'agira quelque autre fois de jeter une
tête qui pense, une tête d'homme, dans ce qu'ils appellent la balance
de la justice? Peut-être n'ont-ils jamais réfléchi, les malheureux, à
cette lente succession de tortures que renferme la formule expéditive
d'un arrêt de mort? Se sont-ils jamais seulement arrêtés à cette idée
poignante que dans l'homme qu'ils retranchent il y a une intelligence,
une intelligence qui avait compté sur la vie, une âme qui ne s'est
point disposée pour la mort? Non. Ils ne voient dans tout cela que la
chute verticale d'un couteau triangulaire, et pensent sans doute que,
pour le condamné, il n'y a rien avant, rien après.

Ces feuilles les détromperont. Publiées peut-être un jour, elles arrêteront quelque moment leur esprit sur les souffrances de l'esprit, car ce sont celles-là qu'ils ne soupçonnent pas. Ils sont triomphants de pouvoir tuer sans presque faire souffrir le corps. Eh! c'est bien de cela qu'il s'agit! Qu'est-ce que la douleur physique près de la douleur morale! Horreur et pitié, des lois faites ainsi! Un jour viendra, et peut-être ces mémoires, derniers confidents d'un misérable, y auront-ils contribué... —

A moins qu'après ma mort le vent ne joue dans le préau avec ces morceaux de papier souillés de boue, ou qu'ils n'aillent pourrir à la pluie, collés en étoiles à la vitre cassée d'un guichetier.

VII

Que ce que j'écris ici puisse être un jour utile à d'autres, que cela arrête le juge prêt à juger, que cela sauve des malheureux, innocents ou coupables, de l'agonie à laquelle je suis condamné, pourquoi? à quoi bon? qu'importe? Quand ma tête aura été coupée, qu'est-ce que cela me fait qu'on en coupe d'autres? Est-ce que vraiment j'ai pu penser ces folies? Jeter bas l'échafaud après que j'y aurai monté! je vous demande un peu ce qui m'en reviendra.

Quoi! le soleil, le printemps, les champs pleins de fleurs, les oiseaux qui s'éveillent le matin, les nuages, les arbres, la nature, la liberté, la vie, tout cela n'est plus à moi?

Ah! c'est moi qu'il faudrait sauver! — Est-il bien vrai que cela ne se peut, qu'il faudra mourir demain, aujourd'hui peut-être, que cela est ainsi? O Dieu! l'horrible idée à se briser la tête au mur de son cachot!

VIII

Comptons ce qui me reste.

Trois jours de délai après l'arrêt prononcé pour le pourvoi en cassation.

Huit jours d'oubli au parquet de la cour d'assises, après quoi les *pièces*, comme ils disent, sont envoyées au ministre.

Quinze jours d'attente chez le ministre, qui ne sait seulement pas qu'elles existent, et qui, cependant, est supposé les transmettre, après examen, à la cour de cassation.

Là, classement, numérotage, enregistrement; car la guillotine est encombrée, et chacun ne doit passer qu'à son tour.

Quinze jours pour veiller à ce qu'il ne vous soit pas fait de passe-droit.

Enfin la cour s'assemble, d'ordinaire un jeudi, rejette vingt pour-vois en masse, et renvoie le tout au ministre, qui renvoie au procureur général, qui renvoie au bourreau. Trois jours.

Le matin du quatrième jour, le substitut du procureur général se dit, en mettant sa cravate : — Il faut pourtant que cette affaire finisse.

— Alors, si le substitut du greffier n'a pas quelque déjeuner d'amis qui l'en empêche, l'ordre d'exécution est minuté, rédigé, mis au net, expédié, et le lendemain, dès l'aube, on entend dans la place de Grève clouer une charpente, et dans les carrefours hurler à pleine voix des crieurs enroués.

En tout six semaines. La petite fille avait raison.

Or, voilà cinq semaines au moins, six péut-être, je n'ose compter, que je suis dans ce cabanon de Bicêtre, et il me semble qu'il y a trois jours, c'était jeudi.

IX

Je viens de faire mon testament.

A quoi bon? Je suis condamné aux frais, et tout ce que j'ai y suffira à peine. La guillotine, c'est fort cher.

Je laisse une mère, je laisse une femme, je laisse un enfant.

Une petite fille de trois ans, douce, rose, frêle, avec de grands yeux noirs et de longs cheveux châtains.

Elle avait deux ans et un mois quand je l'ai vue pour la dernière fois.

Ainsi, après ma mort, trois femmes sans fils, sans mari, sans père ; trois orphelines de différente espèce ; trois veuves du fait de la loi.

J'admets que je sois justement puni ; ces innocentes, qu'ont-elles fait? N'importe ; on les déshonore, on les ruine ; c'est la justice.

Ce n'est pas que ma pauvre vieille mère m'inquiète ; elle a soixante-quatre ans, elle mourra du coup. Ou si elle va quelques jours encore, pourvu que jusqu'au dernier moment elle ait un peu de cendre chaude dans sa chaufferette, elle ne dira rien.

Ma femme ne m'inquiète pas non plus ; elle est déjà d'une mauvaise santé et d'un esprit faible, elle mourra aussi.

A moins qu'elle ne devienne folle. On dit que cela fait vivre ; mais au moins, l'intelligence ne souffre pas ; elle dort, elle est comme morte.

Mais ma fille, mon enfant, ma pauvre petite Marie, qui rit, qui joue, qui chante à cette heure, et ne pense à rien, c'est celle-là qui me fait mal !

X

Voici ce que c'est que mon cachot :

Huit pieds carrés ; quatre murailles de pierre de taille qui s'appuient à l'angle droit sur un pavé de dalles exhaussé d'un degré au-dessus du corridor extérieur.

A droite de la porte, en entrant, une espèce d'enfoncement qui fait la dérision d'une alcôve. On y jette une botte de paille où le prisonnier est censé reposer et dormir, vêtu d'un pantalon de toile et d'une veste de coutil, hiver comme été.

Au-dessus de ma tête, en guise de ciel, une noire voûte en *ogire* — c'est ainsi que cela s'appelle — à laquelle d'épaisses toiles d'araignée pendent comme des haillons.

Du reste, pas de fenêtres, pas même de soupirail ; une porte où le fer cache le bois.

Je me trompe ; au centre de la porte, vers le haut, une ouverture de neuf pouces carrés, coupée d'une grille en croix, et que le guichetier peut fermer la nuit.

Au dehors, un assez long corridor, éclairé, aéré au moyen de soupiraux étroits au haut du mur, et divisé en compartiments de maçonnerie qui communiquent entre eux par une série de portes cintrées et basses ; chacun de ces compartiments sert en quelque sorte d'antichambre à un cachot pareil au mien. C'est dans ces cachots que l'on met les forçats condamnés par le directeur de la prison à des peines de discipline. Les trois premiers cabanons sont réservés aux condamnés à mort, parce qu'étant plus voisins de la geôle, ils sont plus commodes pour le geôlier.

Ces cachots sont tout ce qui reste de l'ancien château de Bicêtre tel qu'il fut bâti, dans le quinzième siècle, par le cardinal de Winchester, le même qui fit brûler Jeanne d'Arc. J'ai entendu dire cela à des *curieux* qui sont venus me voir l'autre jour dans ma loge, et qui me regardaient à distance comme une bête de la ménagerie. Le guichetier a eu cent sous.

J'oubliais de dire qu'il y a nuit et jour un factionnaire de garde à la porte de mon cachot, et que mes yeux ne peuvent se lever vers la lucarne carrée sans rencontrer ses deux yeux fixes toujours ouverts.

Du reste, on suppose qu'il y a de l'air et du jour dans cette boîte de pierre.

XI

Puisque le jour ne paraît pas encore, que faire de la nuit? Il m'est venu une idée. Je me suis levé et j'ai promené ma lampe sur les quatre murs de ma cellule. Ils sont couverts d'écritures, de dessins, de figures bizarres, de noms qui se mêlent et s'effacent les uns les autres. Il semble que chaque condamné ait voulu laisser trace, ici du moins. C'est du crayon, de la craie, du charbon, des lettres noires, blanches grises, souvent de profondes entailles dans la pierre, çà et là des caractères rouillés qu'on dirait écrits avec du sang. Certes, si j'avais l'esprit plus libre, je prendrais intérêt à ce livre étrange qui se développe page à page à mes yeux sur chaque pierre de ce cachot. J'aimerais à recomposer un tout de ces fragments de pensée, épars sur la dalle ; à retrouver chaque homme sous chaque nom ; à rendre le sens et la vie à ces inscriptions mutilées, à ces phrases démembrées, à ces mots tronqués, corps sans tête, comme ceux qui les ont écrits.

A la hauteur de mon chevet, il y a deux cœurs enflammés, percés d'une flèche, et au-dessus : *Amour pour la vie*. Le malheureux ne prenait pas un long engagement.

A côté, une espèce de chapeau à trois cornes avec une petite figure grossièrement dessinée au-dessus, et ces mots : *Vive l'empereur !* 1824.

Encore des cœurs enflammés, avec cette inscription, caractéristique dans une prison : *J'aime et j'adore Mathieu Danvin*. JACQUES.

Sur le mur opposé on lit ce mot : *Papavoine*. Le *P* majuscule est brodé d'arabesques et enjolivé avec soin.

Un couplet d'une chanson obscène.

Un bonnet de liberté sculpté assez profondément dans la pierre, avec ceci dessous : — *Bories*. — *La République*. C'était un des quatre sous-officiers de la Rochelle. Pauvre jeune homme ! Que leurs prétendues nécessités politiques sont hideuses ! pour une idée, pour une rêverie, pour une abstraction, cette horrible réalité qu'on appelle la guillotine ! Et moi qui me plaignais, moi misérable qui ai commis un véritable crime, qui ai versé du sang !

Je n'irai pas plus loin dans ma recherche. — Je viens de voir, crayonnée en blanc au coin du mur, une image épouvantable, la figure de cet échafaud qui, à l'heure qu'il est, se dresse peut-être pour moi. — La lampe a failli me tomber des mains.

XII

Je suis revenu m'asseoir précipitamment sur ma paille, la tête dans les genoux. Puis mon effroi d'enfant s'est dissipé, et une étrange curiosité m'a repris de continuer la lecture de mon mur.

A côté du nom de Papavoine j'ai arraché une énorme toile d'araignée, tout épaissie par la poussière et tendue à l'angle de la muraille.

3

Sous cette toile il y avait quatre ou cinq noms parfaitement lisibles, parmi d'autres dont il ne reste rien qu'une tache sur le mur. — DAU- TUN, 1815. — POULAIN, 1818. — JEAN MARTIN, 1821. — CASTAING, 1823. J'ai lu ces noms, et les lugubres souvenirs me sont venus. Dautun, celui qui a coupé son frère en quartiers, et qui allait la nuit dans Paris jetant la tête dans une fontaine, et le tronc dans un égout ; Poulain, celui qui a assassiné sa femme ; Jean Martin, celui qui a tiré un coup de pistolet à son père au moment où le vieillard ouvrait une fenêtre ; Castaing, ce médecin qui a empoisonné son ami, et qui, le soignant dans cette dernière maladie qu'il lui avait faite, au lieu de remède lui redonnait du poison ; et, auprès de ceux-là, Papavoine, l'hor- rible fou qui tuait les enfants à coups de couteau sur la tête !

Voilà, me disais-je, et un frisson de fièvre me montait dans les reins, voilà quels ont été avant moi les hôtes de cette cellule. C'est ici, sur la même dalle où je suis, qu'ils ont pensé leurs dernières pensées, ces hommes de meurtre et de sang ! c'est autour de ce mur, dans ce carré étroit, que leurs derniers pas ont tourné comme ceux d'une bête fauve. Ils se sont succédé à de courts intervalles ; il paraît que ce cachot ne désemplit pas. Ils ont laissé la place chaude, et c'est à moi qu'ils l'ont laissée. J'irai à mon tour les rejoindre au cimetière de Clamart, où l'herbe pousse si bien !

Je ne suis ni visionnaire, ni superstitieux, il est probable que ces idées me donnaient un accès de fièvre ; mais, pendant que je rêvais ainsi, il m'a semblé tout à coup que ces noms fatals étaient écrits avec du feu sur le mur noir ; un tintement de plus en plus précipité a éclaté dans mes oreilles ; une lueur rousse a rempli mes yeux ; et puis il m'a paru que le cachot était plein d'hommes, d'hommes étranges qui por- taient leur tête dans leur main gauche, et la portaient par la bouche, parce qu'il n'y avait pas de chevelure. Tous me montraient le poing, excepté le parricide.

J'ai fermé les yeux avec horreur, alors j'ai tout vu plus dis- tinctement.

Rêve, vision ou réalité, je serais devenu fou, si une impression brusque ne m'eût réveillé à temps. J'étais près de tomber à la ren- verse, lorsque j'ai senti se traîner sur mon pied nu un ventre froid et des pattes velues ; c'était l'araignée que j'avais dérangée et qui s'en- fuyait.

Cela m'a dépossédé. — O les épouvantables spectres ! — Non,

c'était une fumée, une imagination de mon cerveau vide et convulsif. Chimère à la Macbeth! Les morts sont morts, ceux-là surtout. Ils sont bien cadenassés dans le sépulcre. Ce n'est pas là une prison dont on s'évade. Comment se fait-il donc que j'aie eu peur ainsi?

La porte du tombeau ne s'ouvre pas en dedans.

XIII

J'ai vu, ces jours passés, une chose hideuse.

Il était à peine jour, et la prison était pleine de bruit. On entendait ouvrir et fermer les lourdes portes, grincer les verrous et les cadenas de fer, carillonner les trousseaux de clefs entre-choqués à la ceinture des geôliers, trembler les escaliers du haut en bas sous des pas précipités, et des voix s'appeler et se répondre des deux bouts des longs corridors. Mes voisins de cachot, les forçats en punition, étaient plus gais qu'à l'ordinaire. Tout Bicêtre semblait rire, chanter, courir, danser.

Moi, seul muet dans ce vacarme, seul immobile dans ce tumulte, étonné et attentif, j'écoutais.

Un geôlier passa.

Je me hasardai à l'appeler et à lui demander si c'était fête dans la prison.

— Fête si l'on veut! me répondit-il. C'est aujourd'hui qu'on ferre les forçats qui doivent partir demain pour Toulon. Voulez-vous voir? cela vous amusera.

C'était en effet, pour un reclus solitaire, une bonne fortune qu'un spectacle, si odieux qu'il fût. J'acceptai l'amusement.

Le guichetier prit les précautions d'usage pour s'assurer de moi, puis me conduisit dans une petite cellule vide, et absolument démeublée, qui avait une fenêtre grillée, mais une véritable fenêtre à hauteur d'appui, et à travers laquelle on apercevait réellement le ciel.

— Tenez, me dit-il, d'ici vous verrez et vous entendrez. Vous serez seul dans votre loge, comme le roi.

Puis il sortit et referma sur moi serrures, cadenas et verrous.

La fenêtre donnait sur une cour carrée assez vaste, et autour de laquelle s'élevait des quatre côtés, comme une muraille, un grand bâtiment de pierre de taille à six étages. Rien de plus dégradé, de plus nu, de plus misérable à l'œil que cette quadruple façade percée d'une multitude de fenêtres grillées auxquelles se tenaient collés, du bas en haut, une foule de visages maigres et blêmes, pressés les uns au-dessus des autres, comme les pierres d'un mur, et tous pour ainsi dire encadrés dans les entre-croisements des barreaux de fer. C'étaient les prisonniers, spectateurs de la cérémonie en attendant leur jour d'être acteurs. On eût dit des âmes en peine aux soupiraux du purgatoire qui donnent sur l'enfer.

Tous regardaient en silence la cour vide encore. Ils attendaient. Parmi ces figures éteintes et mornes, çà et là brillaient quelques yeux perçants et vifs comme des points de feu.

Le carré de prisons qui enveloppe la cour ne se referme pas sur lui-même. Un des quatre pans de l'édifice (celui qui regarde le levant) est coupé vers son milieu, et ne se rattache au pan voisin que par une grille de fer. Cette grille s'ouvre sur une seconde cour, plus petite que la première, et, comme elle, bloquée de murs et de pignons noirâtres.

Tout autour de la cour principale, des bancs de pierre s'adossent à la muraille. Au milieu se dresse une tige de fer courbée, destinée à porter une lanterne.

Midi sonna. Une grande porte cochère, cachée sous un enfoncement, s'ouvrit brusquement. Une charrette, escortée d'espèces de soldats sales et honteux, en uniformes bleus, à épaulettes rouges et à bandoulières jaunes, entra lourdement dans la cour avec un bruit de ferraille. C'était la chiourme et les chaînes.

Au même instant, comme si ce bruit réveillait tout le bruit de la prison, les spectateurs des fenêtres, jusqu'alors silencieux et immobiles, éclatèrent en cris de joie, en chansons, en menaces, en imprécations mêlées d'éclats de rire poignants à entendre. On eût cru voir des masques de démons. Sur chaque visage parut une grimace, tous les poings sortirent des barreaux, toutes les voix hurlèrent, tous les yeux flamboyèrent, et je fus épouvanté de voir tant d'étincelles reparaître dans cette cendre.

Cependant les argousins, parmi lesquels on distinguait, à leurs vêtements propres et à leur effroi, quelques curieux venus de Paris, les argousins se mirent tranquillement à leur besogne. L'un d'eux monta sur la charrette, et jeta à ses camarades les chaînes, les colliers

de voyage, et les liasses de pantalons de toile. Alors ils se dépecèrent
le travail ; les uns allèrent étendre dans un coin de la cour les longues
chaînes qu'ils nommaient dans leur argot *les ficelles* ; les autres dé-
ployèrent sur le pavé *les taffetas*, les chemises et les pantalons ;
tandis que les plus sagaces examinaient un à un, sous l'œil de leur
capitaine, petit vieillard trapu, les carcans de fer, qu'ils éprouvaient
ensuite en les faisant étinceler sur le pavé. Le tout aux acclamations
railleuses des prisonniers, dont la voix n'était dominée que par les
rires bruyants des forçats pour qui cela se préparait, et qu'on voyait
relégués aux croisées de la vieille prison qui donne sur la petite
cour.

Quand ces apprêts furent terminés, un monsieur brodé en argent,
qu'on appelait *monsieur l'inspecteur*, donna un ordre au directeur de
la prison ; et un moment après voilà que deux ou trois portes basses
vomirent presque en même temps, et comme par bouffées, dans la
cour, des nuées d'hommes hideux, hurlants et déguenillés. C'étaient
les forçats.

A leur entrée, redoublement de joie aux fenêtres. Quelques-uns
d'entre eux, les grands noms du bagne, furent salués d'acclamations
et d'applaudissements qu'ils recevaient avec une sorte de modestie
fière. La plupart avaient des espèces de chapeaux tressés de leurs
propres mains, avec la paille du cachot, et toujours d'une forme
étrange, afin que dans les villes où l'on passerait le chapeau fît remarquer la tête. Ceux-là étaient plus applaudis encore. Un, surtout,
excita des transports d'enthousiasme ; un jeune homme de dix-sept ans,
qui avait un visage de jeune fille. Il sortait du cachot, où il était au
secret depuis huit jours ; de sa botte de paille il s'était fait un vêtement qui l'enveloppait de la tête aux pieds, et il entra dans la cour en
faisant la roue sur lui-même avec l'agilité d'un serpent. C'était un
baladin condamné pour vol. Il y eut une rage de battements de mains
et de cris de joie. Les galériens y répondaient, et c'était une chose
effrayante que cet échange de gaîtés entre les forçats en titre et les
forçats aspirants. La société avait beau être là représentée par les
geôliers et les curieux épouvantés, le crime la narguait en face, et de
ce châtiment horrible faisait une fête de famille.

A mesure qu'ils arrivaient, on les poussait, entre deux haies de
gardes-chiourme, dans la petite cour grillée, où la visite des médecins
les attendait. C'est là que tous tentaient un dernier effort pour éviter

le voyage, alléguant quelque excuse de santé, les yeux malades, la jambe boiteuse, la main mutilée. Mais presque toujours on les trouvait bons pour le bagne ; et alors chacun se résignait avec insouciance, oubliant en peu de minutes sa prétendue infirmité de toute la vie.

La grille de la petite cour se rouvrit. Un gardien fit l'appel par ordre alphabétique ; et alors ils sortirent un à un, et chaque forçat s'alla ranger debout dans un coin de la grande cour, près d'un compagnon donné par le hasard de sa lettre initiale. Ainsi chacun se voit réduit à lui-même ; chacun porte sa chaîne pour soi, côte à côte avec un inconnu ; et si par hasard un forçat a un ami, la chaîne l'en sépare. Dernière des misères.

Quand il y en eut à peu près une trentaine de sortis, on referma la grille. Un argousin les aligna avec son bâton, jeta devant chacun d'eux une chemise, une veste et un pantalon de grosse toile, puis fit un signe, et tous commencèrent à se déshabiller. Un incident inattendu vint, comme à point nommé, changer cette humiliation en torture.

Jusqu'alors le temps avait été assez beau, et, si la bise d'octobre refroidissait l'air, de temps en temps aussi elle ouvrait çà et là dans les brumes grises du ciel une crevasse par où tombait un rayon de soleil. Mais à peine les forçats se furent-ils dépouillés de leurs haillons de prison, au moment où ils s'offraient nus et debout à la visite soupçonneuse des gardiens, et aux regards curieux des étrangers qui tournaient autour d'eux pour examiner leurs épaules, le ciel devint noir, une froide averse d'automne éclata brusquement, et se déchargea à torrents dans la cour carrée, sur les têtes découvertes, sur les membres nus des galériens, sur leurs misérables sayons étalés sur le pavé.

En un clin d'œil le préau se vida de tout ce qui n'était pas argousin ou galérien. Les curieux de Paris allèrent s'abriter sous les auvents des portes.

Cependant la pluie tombait à flots. On ne voyait plus dans la cour que les forçats nus et ruisselants sur le pavé noyé. Un silence morne avait succédé à leurs bruyantes bravades. Ils grelottaient, leurs dents claquaient ; leurs jambes maigries, leurs genoux noueux s'entre-choquaient ; et c'était pitié de les voir appliquer sur leurs membres bleus ces chemises trempées, ces vestes, ces pantalons dégouttants de pluie. La nudité eût été meilleure.

Un seul, un vieux, avait conservé quelque gaîté. Il s'écria, en s'essuyant avec sa chemise mouillée, que *cela n'était pas dans le programme*; puis se prit à rire en montrant le poing au ciel.

Quand ils eurent revêtu les habits de route, on les mena par bandes de vingt et de trente à l'autre coin du préau, où les cordons allongés à terre les attendaient. Ces cordons sont de longues et fortes chaînes coupées transversalement de deux en deux pieds par d'autres chaînes plus courtes, à l'extrémité desquelles se rattache un carcan carré, qui s'ouvre au moyen d'une charnière pratiquée à l'un des angles et se ferme à l'angle opposé par un boulon de fer, rivé pour tout le voyage sur le cou du galérien. Quand ces cordons sont développés à terre, ils figurent assez bien la grande arête d'un poisson.

On fit asseoir les galériens dans la boue, sur les pavés inondés ; on leur essaya les colliers ; puis deux forgerons de la chiourme, armés d'enclumes portatives, les leur rivèrent à froid à grands coups de masses de fer. C'est un moment affreux, où les plus hardis pâlissent. Chaque coup de marteau, asséné sur l'enclume appuyée à leur dos, fait rebondir le menton du patient ; le moindre mouvement lui ferait sauter le crâne comme une coquille de noix.

Après cette opération, ils devinrent sombres. On n'entendait plus que le grelottement des chaînes, et par intervalles un cri et le bruit sourd du bâton des gardes-chiourme sur les membres des récalcitrants.

Il y en eut qui pleurèrent ; les vieux frissonnaient et se mordaient les lèvres.

Je regardai avec terreur tous ces profils sinistres dans leurs cadres de fer.

Ainsi, après la visite des médecins, la visite des geôliers ; après la visite des geôliers, le ferrage. Trois actes à ce spectacle.

Un rayon de soleil reparut. On eût dit qu'il mettait le feu à tous ces cerveaux. Les forçats se levèrent à la fois, comme par un mouvement convulsif. Les cinq cordons se rattachèrent par les mains, et tout à coup se formèrent en ronde immense autour de la branche de la lanterne. Ils tournaient à fatiguer les yeux. Ils chantaient une chanson du bagne, une romance d'argot, sur un air tantôt plaintif, tantôt furieux et gai ; on entendait par intervalles des cris grêles, des éclats de rire déchirés et haletants se mêler aux mystérieuses paroles ; puis des acclamations furibondes ; et les chaînes qui s'entre-choquaient

en cadence servaient d'orchestre à ce chant plus rauque que leur bruit.

Si je cherchais une image du sabbat, je ne la voudrais ni meilleure ni pire.

On apporta dans le préau un large baquet. Les gardes-chiourme rompirent la danse des forçats à coups de bâton, et les conduisirent à ce baquet, dans lequel on voyait nager je ne sais quelles herbes dans je ne sais quel liquide fumant et sale. Ils mangèrent.

Puis, ayant mangé, ils jetèrent sur le pavé ce qui restait de leur soupe et de leur pain bis, et se remirent à danser et à chanter. Il paraît qu'on leur laisse cette liberté le jour du ferrage et la nuit qui le suit.

Tout à coup, à travers la rêverie profonde où j'étais tombé, je vis la ronde hurlante s'arrêter et se taire. Puis tous les yeux se tournèrent vers la fenêtre que j'occupais. — Le condamné! le condamné! crièrent-ils tous en me montrant du doigt; et les explosions de joie redoublèrent.

Je restai pétrifié.

J'ignore d'où ils me connaissaient et comment ils m'avaient reconnu.

— Bonjour! bonsoir! me crièrent-ils avec leur ricanement atroce. Un des plus jeunes, condamné aux galères perpétuelles, face luisante et plombée, me regarda d'un air d'envie en disant : Il est heureux! il sera *rogné*! Adieu, camarade!

Je ne puis dire ce qui ce passait en moi. J'étais leur camarade en effet. La Grève est sœur de Toulon.

J'étais même placé plus bas qu'eux; ils me faisaient honneur. Je frissonnai.

Oui, leur camarade! Et quelques jours plus tard, j'aurais pu aussi, moi, être un spectacle pour eux.

J'étais demeuré à la fenêtre, immobile, perclus, paralysé. Mais quand je vis les cinq cordons s'avancer, se ruer vers moi avec des paroles d'une infernale cordialité; quand j'entendis le tumultueux fracas de leurs chaînes, de leurs clameurs, de leurs pas, au pied du mur, il me sembla que cette nuée de démons escaladait ma misérable cellule; je poussai un cri, je me jetai sur la porte d'une violence à la briser; mais pas moyen de fuir; les verrous étaient tirés en dehors. Je heurtai, j'appelai avec rage. Puis il me sembla entendre de plus près encore les effrayantes voix des forçats. Je crus voir leurs têtes hideuses paraître déjà au bord de ma fenêtre, je poussai un second cri d'angoisse, et je tombai évanoui.

XIV

Quand je revins à moi, il était nuit. J'étais couché dans un grabat; une lanterne qui vacillait au plafond me fit voir d'autres grabats alignés des deux côtés du mien. Je compris qu'on m'avait transporté à l'infirmerie.

Je restai quelques instants éveillé, mais sans pensée et sans souvenir, tout entier au bonheur d'être dans un lit. Certes, en d'autres temps, ce lit d'hôpital et de prison m'eût fait reculer de dégoût et de pitié ; mais je n'étais plus le même homme. Les draps étaient gris et rudes au toucher, la couverture maigre et trouée ; on sentait la paillasse à travers le matelas ; qu'importe ! mes membres pouvaient se déroidir à l'aise entre ces draps grossiers ; sous cette couverture, si mince qu'elle fût, je sentais se dissiper peu à peu cet horrible froid de la moelle des os dont j'avais pris l'habitude. — Je me rendormis.

Un grand bruit me réveilla ; il faisait petit jour. Ce bruit venait du dehors ; mon lit était à côté de la fenêtre, je me levai sur mon séant pour voir ce que c'était.

La fenêtre donnait sur la grande cour de Bicêtre. Cette cour était pleine de monde ; deux haies de vétérans avaient peine à maintenir libre, au milieu de cette foule, un étroit chemin qui traversait la cour. Entre ce double rang de soldats cheminaient lentement, cahotées à chaque pavé, cinq longues charrettes chargées d'hommes ; c'étaient les forçats qui partaient.

Ces charrettes étaient découvertes. Chaque cordon en occupait une. Les forçats étaient assis de côté sur chacun des bords, adossés les uns aux autres, séparés par la chaîne commune, qui se développait dans la longueur du chariot, et sur l'extrémité de laquelle un argousin debout, fusil chargé, tenait le pied. On entendait bruire leurs fers, et, à chaque secousse de la voiture, on voyait sauter leurs têtes et ballotter leurs jambes pendantes.

Une pluie fine et pénétrante glaçait l'air, et collait sur leurs genoux leurs pantalons de toile, de gris devenus noirs. Leurs longues barbes, leurs cheveux courts ruisselaient ; leurs visages étaient violets ; on les voyait grelotter, et leurs dents grinçaient de rage et de froid. Du reste, pas de mouvements possibles. Une fois rivé à cette chaîne, on n'est plus qu'une fraction de ce tout hideux qu'on appelle le cordon, et qui se meut comme un seul homme. L'intelligence doit abdiquer, le carcan du bagne la condamne à mort ; et quant à l'animal lui-même, il ne doit plus avoir de besoins et d'appétits qu'à heures fixes. Ainsi, immobiles, la plupart demi-nus, têtes découvertes et pieds pendants, ils commençaient leur voyage de vingt-cinq jours, chargés sur les mêmes charrettes, vêtus des mêmes vêtements pour le soleil à plomb de juillet et pour les froides pluies de novembre. On dirait que les hommes veulent mettre le ciel de moitié dans leur office de bourreaux.

Il s'était établi entre la foule et les charrettes je ne sais quel horrible dialogue; injures d'un côté, bravades de l'autre, imprécations des deux parts ; mais, à un signe du capitaine, je vis les coups de bâton pleuvoir au hasard dans les charrettes, sur les épaules où sur les têtes, et tout rentra dans cette espèce de calme extérieur qu'on appelle l'*ordre*. Mais les yeux étaient pleins de vengeance, et les poings des misérables se crispaient sur leurs genoux.

Les cinq charrettes, escortées de gendarmes à cheval et d'argousins à pied, disparurent successivement sous la haute porte cintrée de Bicêtre; une sixième les suivit, dans laquelle ballottaient pêle-mêle les chaudières, les gamelles de cuivre et les chaînes de rechange. Quelques gardes-chiourme qui s'étaient attardés à la cantine sortirent en courant pour rejoindre leur escouade. La foule s'écoula. Tout ce spectacle s'évanouit comme une fantasmagorie. On entendit s'affaiblir par degrés dans l'air le bruit lourd des roues et des pieds des chevaux sur la route pavée de Fontainebleau, le claquement des fouets, le cliquetis des chaînes, et les hurlements du peuple qui souhaitait malheur au voyage des galériens.

Et c'est là pour eux le commencement !

Que me disait-il donc, l'avocat? Les galères ! Ah! oui, plutôt mille fois la mort, plutôt l'échafaud que le bagne, plutôt le néant que l'enfer ; plutôt livrer mon cou au couteau de Guillotin qu'au carcan de la chiourme! Les galères, juste ciel !

XV

Malheureusement je n'étais pas malade. Le lendemain il fallut sortir de l'infirmerie. Le cachot me reprit.

Pas malade ! en effet, je suis jeune, sain et fort. Le sang coule librement dans mes veines; tous mes membres obéissent à tous mes caprices; je suis robuste de corps et d'esprit, constitué pour une longue vie; oui, tout cela est vrai; et cependant j'ai une maladie, une maladie mortelle, une maladie faite de la main des hommes.

Depuis que je suis sorti de l'infirmerie, il m'est venu une idée

poignante, une idée à me rendre fou, c'est que j'aurais peut-être pu
m'évader si l'on m'y avait laissé. Ces médecins, ces sœurs de charité,
semblaient prendre intérêt à moi. Mourir si jeune et d'une telle mort!
On eût dit qu'ils me plaignaient, tant ils étaient empressés autour de
mon chevet. Bah! curiosité! Et puis, ces gens qui guérissent vous
guérissent bien d'une fièvre, mais non d'une sentence de mort. Et
pourtant cela leur serait si facile! une porte ouverte! Qu'est-ce que
cela leur ferait?

Plus de chance maintenant! mon pourvoi sera rejeté, parce que
tout est en règle; les témoins ont bien témoigné, les plaideurs ont
bien plaidé, les juges ont bien jugé. Je n'y compte pas, à moins que...
Non, folie! plus d'espérance! Le pourvoi, c'est une corde qui vous
tient suspendu au-dessus de l'abîme, et qu'on entend craquer à
chaque instant jusqu'à ce qu'elle se casse. C'est comme si le couteau
de la guillotine mettait six semaines à tomber.

Si j'avais ma grâce? — Avoir ma grâce! Et par qui? Et pourquoi? et comment? Il est impossible qu'on me fasse grâce. L'exemple!
comme ils disent.

Je n'ai plus que trois pas à faire: Bicêtre, la Conciergerie, la
Grève.

XVI

Pendant le peu d'heures que j'ai passées à l'infirmerie, je m'étais
assis près d'une fenêtre, au soleil, — il avait reparu — ou du moins
recevant du soleil tout ce que les grilles de la croisée m'en lais-
saient.

J'étais là, ma tête pesante et embrasée dans mes deux mains, qui
en avaient plus qu'elles n'en pouvaient porter, mes coudes sur mes
genoux, les pieds sur les barreaux de ma chaise; car l'abattement fait
que je me courbe et me replie sur moi-même comme si je n'avais plus
ni os dans les membres ni muscles dans la chair.

L'odeur étouffée de la prison me suffoquait plus que jamais,
j'avais encore dans l'oreille tout ce bruit de chaînes des galériens,

j'éprouvais une grande lassitude de Bicêtre. Il me semblait que le bon Dieu devrait bien avoir pitié de moi et m'envoyer au moins un petit oiseau pour chanter là, en face, au bord du toit.

Je ne sais si ce fut le bon Dieu ou le démon qui m'exauça ; mais presque au même moment j'entendis s'élever sous ma fenêtre une voix, non celle d'un oiseau, mais bien mieux, la voix pure, fraîche, veloutée d'une jeune fille de quinze ans. Je levai la tête comme en sursaut, j'écoutai avidement la chanson qu'elle chantait. C'était un air lent et langoureux, une espèce de roucoulement triste et lamentable ; voici les paroles :

> C'est dans la rue du Mail
> Où j'ai été coltigé,
> Maluré,
> Par trois coquins de railles,
> Lirlonfa malurette,
> Sur mes sique' ont foncé,
> Lirlonfa maluré.

Je ne saurais dire combien fut amer mon désappointement. La voix continua :

> Sur mes sique' ont foncé,
> Maluré.
> Ils m'ont mis la tartouve,
> Lirlonfa malurette,
> Grand Meudon est aboulé,
> Lirlonfa maluré.
> Dans mon trimin rencontre
> Lirlonfa malurette,
> Un peigre du quartier,
> Lirlonfa maluré.

> Un peigre du quartier,
> Maluré.
> — Va-t'en dire à ma largue,
> Lirlonfa malurette
> Que je suis enfourraillé,
> Lirlonfa maluré.
> Ma largue tout en colère,
> Lirlonfa malurette,
> M'dit : Qu'as-tu donc morfillé?
> Lirlonfa maluré.

> M'dit : Qu'as-tu donc morfillé?
> Maluré.

— J'ai fait suer un chêne,
 Lirlonfa malurette,
Son auberg j'ai enganté,
 Lirlonfa maluré,
Son auberg et sa toquante,
 Lirlonfa malurette,
Et ses attach's de cés,
 Lirlonfa maluré.

Et ses attach's de cés,
 Maluré. —
Ma largu' part pour Versailles,
 Lirlonfa malurette,
Aux pieds d'sa majesté,
 Lirlonfa maluré.
Elle lui fonce un babillard,
 Lirlonfa malurette,
Pour m'faire défourrailler,
 Lirlonfa maluré,

Pour m'faire défourrailler,
 Maluré.
— Ah! si j'en défourraille,
 Lirlonfa malurette,
Ma largue j'entiferai,
 Lirlonfa maluré.
J'li ferai porter fontange
 Lirlonfa malurette,
Et souliers galuchés,
 Lirlonfa maluré.

Et souliers galuchés,
 Maluré.
Mais grand dabe qui s'fâche,
 Lirlonfa malurette,
Dit : — Par mon caloquet,
 Lirlonfa maluré,
J'li ferai danser une danse,
 Lirlonfa malurette,
Où il n'y a pas de plancher,
 Lirlonfa maluré. —

Je n'en ai pas entendu et n'aurais pu en entendre davantage. Le sens à demi compris et à demi caché de cette horrible complainte; cette lutte du brigand avec le guet, ce voleur qu'il rencontre et qu'il dépêche à sa femme, cet épouvantable message : J'ai assassiné un homme et je suis arrêté, *j'ai fait suer un chêne et je suis enfourraillé*;

cette femme qui court à Versailles avec un placet, et cette *Majesté*
qui s'indigne et menace le coupable de lui faire danser *la danse où il
n'y a pas de plancher*; et tout cela chanté sur l'air le plus doux et par
la plus douce voix qui ait jamais endormi l'oreille humaine!... J'en
suis resté navré, glacé, anéanti. C'était une chose repoussante que
toutes ces monstrueuses paroles sortant de cette bouche vermeille et
fraîche. On eût dit la bave d'une limace sur une rose.

Je ne saurais rendre ce que j'éprouvais ; j'étais à la fois blessé et
caressé. Le patois de la caverne et du bagne, cette langue ensanglantée
et grotesque, ce hideux argot, marié à une voix de jeune fille,
gracieuse transition de la voix d'enfant à la voix de femme! tous ces
mots difformes et mal faits, chantés, cadencés, perlés!

Ah! qu'une prison est quelque chose d'infâme! il y a un venin
qui y salit tout. Tout s'y flétrit, même la chanson d'une fille de quinze
ans! Vous y trouvez un oiseau, il a de la boue sur son aile; vous y
cueillez une jolie fleur, vous la respirez; elle pue.

XVII

Oh! si je m'évadais, comme je courrais à travers champs!

Non, il ne faudrait pas courir. Cela fait regarder et soupçonner.
Au contraire, marcher lentement, tête levée, en chantant. Tâcher d'a-
voir quelque vieux sarrau bleu à dessins rouges. Cela déguise bien.
Tous les maraîchers des environs en portent.

Je sais auprès d'Arcueil un fourré d'arbres à côté d'un marais,
où, étant au collége, je venais avec mes camarades pêcher des gre-
nouilles tous les jeudis. C'est là que je me cacherais jusqu'au soir.

La nuit tombée, je reprendrais ma course. J'irais à Vincennes.
Non, la rivière m'empêcherait. J'irais à Arpajon. — Il aurait mieux
valu prendre du côté de Saint-Germain, et aller au Havre, et m'em-
barquer pour l'Angleterre. — N'importe! j'arrive à Longjumeau. Un
gendarme passe; il me demande mon passe-port... Je suis perdu!

Ah! malheureux rêveur, brise donc d'abord le mur épais de trois
pieds qui t'emprisonne! La mort! la mort!

Quand je pense que je suis venu tout enfant, ici, à Bicêtre, voir
le grand puits et les fous!

XVIII

Pendant que j'écrivais tout ceci, ma lampe a pâli, le jour est venu l'horloge de la chapelle a sonné six heures. —

Qu'est-ce que cela veut dire? Le guichetier de garde vient d'entrer dans mon cachot, il a ôté sa casquette, m'a salué, s'est excusé de me déranger, et m'a demandé, en adoucissant de son mieux sa rude voix, ce que je désirais à déjeuner?...

Il m'a pris un frisson.

Est-ce que ce serait pour aujourd'hui?

XIX

C'est pour aujourd'hui!

Le directeur de la prison lui-même vient de me rendre visite. Il m'a demandé en quoi il pourrait m'être agréable ou utile; a exprimé le désir que je n'eusse pas à me plaindre de lui ou de ses subordonnés; s'est informé avec intérêt de ma santé et de la façon dont j'avais passé la nuit; en me quittant, il m'a appelé *monsieur!*

C'est pour aujourd'hui!

XX

Il ne croit pas, ce geôlier, que j'aie à me plaindre de lui et de ses sous-geôliers. Il a raison. Ce serait mal à moi de me plaindre; ils ont fait leur métier, ils m'ont bien gardé; et puis ils ont été polis à l'arrivée et au départ. Ne dois-je pas être content?

Ce bon geôlier, avec son sourire bénin, ses paroles caressantes, son œil qui flatte et qui espionne, ses grosses et larges mains, c'est

5

la prison incarnée, c'est Bicêtre qui s'est fait homme. Tout est prison autour de moi; je retrouve la prison sous toutes les formes, sous la forme humaine comme sous la forme de grille ou de verrou. Ce mur, c'est de la prison en pierre; cette porte, c'est de la prison en bois; ces guichetiers, c'est de la prison en chair et en os.

La prison est une espèce d'être horrible, complet, indivisible, moitié maison, moitié homme. Je suis sa proie; elle me couve, elle m'enlace de tous ses replis. Elle m'enferme dans ses murailles de granit, me cadenasse sous ses serrures de fer, et me surveille avec ses yeux de geôlier.

Ah! misérable! que vais-je devenir? qu'est-ce qu'ils vont faire de moi?

XXI

Je suis calme maintenant. Tout est fini, bien fini. Je suis sorti de l'horrible anxiété où m'avait jeté la visite du directeur. Car je l'avoue, j'espérais encore. — Maintenant, Dieu merci, je n'espère plus.

Voici ce qui vient de se passer :

Au moment où six heures et demie sonnaient, — non, c'était l'avant-quart, — la porte de mon cachot s'est rouverte. Un vieillard à tête blanche, vêtu d'une redingote brune, est entrée. Il a entr'ouvert sa redingote.

J'ai vu une soutane, un rabat. C'était un prêtre.

Ce prêtre n'était pas l'aumônier de la prison. Cela était sinistre.

Il s'est assis en face de moi avec un sourire bienveillant; puis a secoué la tête et levé les yeux au ciel, c'est-à-dire à la voûte du cachot. Je l'ai compris.

— Mon fils, m'a-t-il dit, êtes-vous préparé?

Je lui ai répondu d'une voix faible:

— Je ne suis pas préparé, mais je suis prêt.

Cependant ma vue s'est troublée, une sueur glacée est sortie à la fois de tous mes membres, j'ai senti mes tempes se gonfler, et j'avais les oreilles pleines de bourdonnements.

Pendant que je vacillais sur ma chaise comme endormi, le bon

vieillard parlait. C'est du moins ce qui m'a semblé, et je crois me souvenir que j'ai vu ses lèvres remuer, ses mains s'agiter, ses yeux
reluire.

   La porte s'est rouverte une seconde fois. Le bruit des verrous
nous a arrachés moi à ma stupeur, lui à son discours. Une espèce de
monsieur, en habit noir, accompagné du directeur de la prison, s'est
présenté, et m'a salué profondément.

   Cet homme avait sur le visage quelque chose de la tristesse officielle des employés des pompes funèbres. Il tenait un rouleau de
papier à la main.

   — Monsieur, m'a-t-il dit avec un sourire de courtoisie, je suis huissier près la cour royale de Paris. J'ai l'honneur de vous apporter un message de la part de monsieur le procureur général.

La première secousse était passée. Toute ma présence d'esprit m'était revenue.

— C'est monsieur le procureur général, lui ai-je répondu, qui a demandé si instamment ma tête? Bien de l'honneur pour moi qu'il m'écrive. J'espère que ma mort lui va faire grand plaisir ; car il me serait dur de penser qu'il l'a sollicitée avec tant d'ardeur et qu'elle lui était indifférente.

J'ai dit tout cela, et j'ai repris d'une voix ferme :

— Lisez, monsieur !

Il s'est mis à me lire un long texte, en chantant à la fin de chaque ligne et en hésitant au milieu de chaque mot. C'était le rejet de mon pourvoi.

— L'arrêt sera exécuté aujourd'hui en place de Grève, a-t-il ajouté quand il a eu terminé, sans lever les yeux de dessus son papier timbré. Nous partons à sept heures et demie précises pour la Conciergerie. Mon cher monsieur, aurez-vous l'extrême bonté de me suivre ?

Depuis quelques instants je ne l'écoutais plus. Le directeur causait avec le prêtre ; lui, avait l'œil fixé sur son papier ; je regardais la porte, qui était restée entr'ouverte... — Ah! misérable! quatre fusiliers dans le corridor !

L'huissier a répété sa question, en me regardant cette fois.

— Quand vous voudrez, lui ai-je répondu. A votre aise !

Il m'a salué en disant :

— J'aurai l'honneur de venir vous chercher dans une demi-heure.

Alors ils m'ont laissé seul.

Un moyen de fuir, mon Dieu ! un moyen quelconque ! Il faut que je m'évade ! il le faut ! sur-le-champ ! par les portes, par les fenêtres, par la charpente du toit ! quand même je devrais laisser de ma chair après les poutres !

O rage ! démons ! malédiction ! Il faudrait des mois pour percer ce mur avec de bons outils, et je n'ai ni un clou, ni une heure !

XXII

De la Conciergerie.

Me voici *transféré*, comme dit le procès-verbal.

Mais le voyage vaut la peine d'être conté.

Sept heures et demie sonnaient lorsque l'huissier s'est présenté de nouveau au seuil de mon cachot.

— Monsieur, m'a-t-il dit, je vous attends. — Hélas! lui et d'autres!

Je me suis levé, j'ai fait un pas; il m'a semblé que je n'en pourrais faire un second, tant ma tête était lourde et mes jambes faibles. Cependant je me suis remis et j'ai continué d'une allure assez ferme. Avant de sortir du cabanon, j'y ai promené un dernier coup d'œil. — Je l'aimais, mon cachot. — Puis, je l'ai laissé vide et ouvert; ce qui donne à un cachot un air singulier.

Au reste, il ne le sera pas longtemps. Ce soir on y attend quelqu'un, disaient les porte-clefs, un condamné que la cour d'assises est en train de faire à l'heure qu'il est.

Au détour du corridor, l'aumônier nous a rejoints. Il venait de déjeuner.

Au sortir de la geôle, le directeur m'a pris affectueusement la main, et a renforcé mon escorte de quatre vétérans.

Devant la porte de l'infirmerie, un vieillard moribond m'a crié: Au revoir!

Nous sommes arrivés dans la cour. J'ai respiré; cela m'a fait du bien.

Nous n'avons pas marché longtemps à l'air. Une voiture attelée de chevaux de poste stationnait dans la première cour; c'est la même voiture qui m'avait amené; une espèce de cabriolet oblong, divisé en deux sections par une grille transversale de fil de fer si épaisse qu'on la dirait tricotée. Les deux sections ont chacune une porte, l'une devant, l'autre derrière la carriole. Le tout si sale, si noir, si poudreux, que le corbillard des pauvres est un carrosse du sacre en comparaison.

Avant de m'ensevelir dans cette tombe à deux roues, j'ai jeté un regard dans la cour, un de ces regards désespérés devant lesquels il semble que les murs devraient crouler. La cour, espèce de petite place plantée d'arbres, était plus encombrée encore de spectateurs que pour les galériens. Déjà la foule!

Comme le jour du départ de la chaîne, il tombait une pluie de la saison, une pluie fine et glacée qui tombe encore à l'heure où j'écris, qui tombera sans doute toute la journée, qui durera plus que moi.

Les chemins étaient effondrés, la cour pleine de fange et d'eau. J'ai eu plaisir à voir cette foule dans cette boue.

Nous sommes montés, l'huissier et un gendarme, dans le compartiment de devant; le prêtre, moi et un gendarme dans l'autre. Quatre gendarmes à cheval autour de la voiture. Ainsi, sans le postillon, huit hommes pour un homme.

Pendant que je montais, il y avait une vieille aux yeux gris qui disait : — J'aime encore mieux cela que la chaîne.

Je conçois. C'est un spectacle qu'on embrasse plus aisément d'un coup d'œil, c'est plus tôt vu. C'est tout aussi beau et plus commode. Rien ne vous distrait. Il n'y a qu'un homme, et sur cet homme seul autant de misère que sur tous les forçats à la fois. Seulement cela est moins éparpillé ; c'est une liqueur concentrée, bien plus savoureuse.

La voiture s'est ébranlée. Elle a fait un bruit sourd en passant sous la voûte de la grande porte, puis a débouché dans l'avenue, et les lourds battants de Bicêtre se sont refermés derrière elle. Je me sentais emporter avec stupeur, comme un homme tombé en léthargie qui ne peut ni remuer ni crier et qui entend qu'on l'enterre. J'écoutais vaguement les paquets de sonnettes pendus au cou des chevaux de poste sonner en cadence et comme par hoquets, les roues ferrées bruire sur le pavé ou cogner la caisse en changeant d'ornières, le galop sonore des gendarmes autour de la carriole, le fouet claquant du postillon. Tout cela me semblait comme un tourbillon qui m'emportait.

A travers le grillage d'un judas percé en face de moi, mes yeux s'étaient fixés machinalement sur l'inscription gravée en grosses lettres au-dessus de la grande porte de Bicêtre : HOSPICE DE LA VIEILLESSE.

— Tiens, me disais-je, il paraît qu'il y a des gens qui vieillissent là.

Et, comme on fait entre la veille et le sommeil, je retournais cette idée en tous sens dans mon esprit engourdi de douleur. Tout à coup la carriole, en passant de l'avenue dans la grande route, a changé le point de vue de la lucarne. Les tours de Notre-Dame sont venues s'y encadrer, bleues et à demi effacées dans la brume de Paris. Sur-le-champ le point de vue de mon esprit a changé aussi. J'étais devenu machine comme la voiture. A l'idée de Bicêtre a succédé l'idée des tours de Notre-Dame. — Ceux qui seront sur la tour où est le drapeau verront bien, me suis-je dit en souriant stupidement.

Je crois que c'est à ce moment-là que le prêtre s'est remis à me parler. Je l'ai laissé dire patiemment. J'avais déjà dans l'oreille le bruit des roues, le galop des chevaux, le fouet du postillon. C'était un bruit de plus.

J'écoutais en silence cette chute de paroles monotones qui

assoupissaient ma pensée comme le murmure d'une fontaine, et qui passaient devant moi, toujours diverses et toujours les mêmes, comme les ormeaux tortus de la grande route, lorsque la voix brève et saccadée de l'huissier, placé sur le devant, est venue subitement me secouer.

— Eh bien! monsieur l'abbé, disait-il avec un accent presque gai, qu'est-ce que vous savez de nouveau?

C'est vers le prêtre qu'il se retournait en parlant ainsi.

L'aumônier, qui me parlait sans relâche, et que la voiture assourdissait, n'a pas répondu.

— Hé! hé! a repris l'huissier en haussant la voix pour avoir le dessus sur le bruit des roues; infernale voiture!

Infernale! En effet.

Il a continué :

— Sans doute, c'est le cahot; on ne s'entend pas. Qu'est-ce que je voulais donc dire? Faites-moi le plaisir de m'apprendre ce que je voulais dire, monsieur l'abbé? — Ah! savez-vous la grande nouvelle de Paris, aujourd'hui?

J'ai tressailli, comme s'il parlait de moi.

— Non, a dit le prêtre, qui avait enfin entendu, je n'ai pas eu le temps de lire les journaux ce matin. Je verrai cela ce soir. Quand je suis occupé comme cela toute la journée, je recommande au portier de me garder mes journaux, et je les lis en rentrant.

— Bah! a repris l'huissier, il est impossible que vous ne sachiez pas cela. La nouvelle de Paris! la nouvelle de ce matin!

J'ai pris la parole.

— Je crois la savoir.

L'huissier m'a regardé.

— Vous! vraiment! En ce cas, qu'en dites-vous?

— Vous êtes curieux! lui ai-je dit.

— Pourquoi, monsieur? a répliqué l'huissier. Chacun a son opinion politique. Je vous estime trop pour croire que vous n'avez pas la vôtre. Quant à moi, je suis tout à fait d'avis du rétablissement de la garde nationale. J'étais sergent de ma compagnie, et, ma foi, c'était fort agréable.

Je l'ai interrompu.

— Je ne croyais pas que ce fût de cela qu'il s'agissait.

— Et de quoi donc? vous disiez savoir la nouvelle...

— Je parlais d'une autre, dont Paris s'occupe aussi aujourd'hui. L'imbécile n'a pas compris ; sa curiosité s'est éveillée.

— Une autre nouvelle? Où diable avez-vous pu apprendre des nouvelles? Laquelle, de grâce, mon cher monsieur? Savez-vous ce que c'est, monsieur l'abbé? êtes-vous plus au courant que moi? Mettez-moi au fait, je vous prie. De quoi s'agit-il? — Voyez-vous, j'aime les nouvelles. Je les conte à monsieur le président, et cela l'amuse.

Et mille billevesées. Il se tournait tour à tour vers le prêtre et vers moi, et je ne répondais qu'en haussant les épaules.

— Eh bien! m'a-t-il dit, à quoi pensez-vous donc?

— Je pense, ai-je répondu, que je ne penserai plus ce soir.

— Ah! c'est cela! a-t-il répliqué. Allons, vous êtes trop triste! M. Castaing causait.

Puis, après un silence :

— J'ai conduit M. Papavoine; il avait sa casquette de loutre et fumait son cigare. Quant aux jeunes gens de la Rochelle, ils ne parlaient qu'entre eux. Mais ils parlaient.

Il a fait encore une pause, et a poursuivi :

— Des fous! des enthousiastes! Ils avaient l'air de mépriser tout le monde. Pour ce qui est de vous, je vous trouve vraiment bien pensif, jeune homme.

— Jeune homme! lui ai-je dit, je suis plus vieux que vous; chaque quart d'heure qui s'écoule me vieillit d'une année.

Il s'est retourné, m'a regardé quelques minutes avec un étonnement inepte, puis s'est mis à ricaner lourdement.

— Allons, vous voulez rire, plus vieux que moi! je serais votre grand-père.

— Je ne veux pas rire, lui ai-je répondu gravement.

Il a ouvert sa tabatière. — Tenez, cher monsieur, ne vous fâchez pas; une prise de tabac, et ne me gardez pas rancune.

— N'ayez pas peur; je n'aurai pas longtemps à vous la garder.

En ce moment sa tabatière, qu'il me tendait, a rencontré le grillage qui nous séparait. Un cahot a fait qu'elle l'a heurté assez violemment et est tombée tout ouverte sous les pieds du gendarme.

— Maudit grillage! s'est écrié l'huissier.

Il s'est tourné vers moi.

— Eh bien! ne suis-je pas malheureux? tout mon tabac est perdu !

6

— Je perds plus que vous, ai-je répondu en souriant.

Il a essayé de ramasser son tabac, en grommelant entre ses dents :

— Plus que moi ! cela est facile à dire. Pas de tabac jusqu'à Paris ! c'est terrible !

L'aumônier alors lui a adressé quelques paroles de consolation, et je ne sais si j'étais préoccupé, mais il m'a semblé que c'était la suite de l'exhortation dont j'avais eu le commencement. Peu à peu la conversation s'est engagée entre le prêtre et l'huissier ; je les ai laissés parler de leur côté, et je me suis mis à penser du mien.

En abordant la barrière, j'étais toujours préoccupé sans doute, mais Paris m'a paru faire un plus grand bruit qu'à l'ordinaire.

La voiture s'est arrêtée un moment devant l'octroi. Les douaniers de ville l'ont inspectée. Si c'eût été un mouton ou un bœuf qu'on eût mené à la boucherie, il aurait fallu leur jeter une bourse d'argent ; mais une tête humaine ne paye pas de droit. Nous avons passé.

Le boulevard franchi, la carriole s'est enfoncée au grand trot dans ces vieilles rues tortueuses du faubourg Saint-Marceau et de la Cité, qui serpentent et s'entrecoupent comme les mille chemins d'une fourmilière. Sur le pavé de ces rues étroites le roulement de la voiture est devenu si bruyant et si rapide, que je n'entendais plus rien du bruit extérieur. Quand je jetais les yeux par la petite lucarne carrée, il me semblait que le flot des passants s'arrêtait pour regarder la voiture, et que des bandes d'enfants couraient sur sa trace. Il m'a semblé aussi voir de temps en temps dans les carrefours çà et là un homme ou une vieille en haillons, quelquefois les deux ensemble, tenant en main une liasse de feuilles imprimées que les passants se disputaient, en ouvrant la bouche comme pour un grand cri.

Huit heures et demie sonnaient à l'horloge du Palais au moment où nous sommes arrivés dans la cour de la Conciergerie. La vue de ce grand escalier, de cette noire chapelle, de ces guichets sinistres, m'a glacé. Quand la voiture s'est arrêtée, j'ai cru que les battements de mon cœur allaient s'arrêter aussi.

J'ai recueilli mes forces ; la porte s'est ouverte avec la rapidité de l'éclair ; j'ai sauté à bas du cachot roulant, et je me suis enfoncé à grands pas sous la voûte entre deux haies de soldats. Il s'était déjà formé une foule sur mon passage.

XXIII

Tant que j'ai marché dans les galeries publiques du Palais de Justice, je me suis senti presque libre et à l'aise ; mais toute ma résolution m'a abandonné quand on a ouvert devant moi des portes basses, des escaliers secrets, des couloirs intérieurs, de longs corridors étouffés et sourds, où il n'entre que ceux qui condamnent ou ceux qui sont condamnés.

L'huissier m'accompagnait toujours. Le prêtre m'avait quitté pour revenir dans deux heures ; il avait ses affaires.

On m'a conduit au cabinet du directeur, entre les mains duquel l'huissier m'a remis. C'était un échange. Le directeur l'a prié d'attendre un instant, lui annonçant qu'il allait avoir du *gibier* à lui remettre, afin qu'il le conduisît sur-le-champ à Bicêtre par le retour de la carriole. Sans doute le condamné d'aujourd'hui, celui qui doit coucher ce soir sur la botte de paille que je n'ai pas eu le temps d'user.

— C'est bon, a dit l'huissier au directeur, je vais attendre un moment ; nous ferons les deux procès-verbaux à la fois, cela s'arrange bien.

En attendant, on m'a déposé dans un petit cabinet attenant à celui du directeur. Là on m'a laissé seul, bien verrouillé.

Je ne sais à quoi je pensais, ni depuis combien de temps j'étais là, quand un brusque et violent éclat de rire à mon oreille m'a réveillé de ma rêverie.

J'ai levé les yeux en tressaillant. Je n'étais plus seul dans la cellule. Un homme s'y trouvait avec moi, un homme d'environ cinquante-cinq ans, de moyenne taille ; ridé, voûté, grisonnant ; à membres trapus ; avec un regard louche dans des yeux gris, un rire amer sur le visage ; sale, en guenilles, demi-nu, repoussant à voir.

Il paraît que la porte s'était ouverte, l'avait vomi, puis s'était refermée sans que je m'en fusse aperçu. Si la mort pouvait venir ainsi !

Nous nous sommes regardés quelques secondes fixement, l'homme et moi ; lui, prolongeant son rire qui ressemblait à un râle ; moi, demi-étonné, demi-effrayé.

GAVARNI   GÉRARD

— Qui êtes-vous ? lui ai-je dit enfin.

— Drôle de demande! a-t-il répondu. Un friauche.

— Un friauche! Qu'est-ce que cela veut dire?

Cette question a redoublé sa gaîté.

— Cela veut dire, s'est-il écrié au milieu d'un éclat de rire, que le taule jouera au panier avec ma sorbonne dans six semaines, comme il va faire avec ta tronche dans six heures. — Ha! ha! il paraît que tu comprends maintenant.

En effet, j'étais pâle, et mes cheveux se dressaient. C'était l'autre condamné, le condamné du jour, celui qu'on attendait à Bicêtre, mon héritier.

Il a continué :

— Que veux-tu? voilà mon histoire à moi. Je suis fils d'un bon peigre ; c'est dommage que Charlot* ait pris la peine un jour de lui attacher sa cravate. C'était quand régnait la potence, par la grâce de Dieu. A six ans, je n'avais plus ni père ni mère ; l'été, je faisais la roue dans la poussière au bord des routes, pour qu'on me jetât un sou par la portière des chaises de poste ; l'hiver, j'allais pieds nus dans la boue en soufflant dans mes doigts tout rouges ; on voyait mes cuisses à travers mon pantalon. A neuf ans, j'ai commencé à me servir de mes louches**, de temps en temps je vidais une fouillouse***, je filais une pelure**** ; à dix ans, j'étais un marlou*****. Puis j'ai fait des connaissances ; à dix-sept, j'étais un grinche******. Je forçais une bou-tanche, je faussais une tournante*******. On m'a pris. J'avais l'âge, on m'a envoyé ramer dans la petite marine********. Le bagne, c'est dur ; coucher sur une planche, boire de l'eau claire, manger du pain noir, traîner un imbécile de boulet qui ne sert à rien ; des coups de bâton et des coups de soleil. Avec cela on est tondu, et moi qui avais de beaux cheveux châtains !... N'importe ! j'ai fait mon temps. Quinze ans, cela s'arrache ! J'avais trente-deux ans. Un beau matin on me donna une feuille de route et soixante-six francs que je m'étais amassés dans mes quinze ans de galères, en travaillant seize heures par jour, trente jours par mois, et douze mois par année. C'est égal, je voulais être honnête homme avec mes soixante-six francs, et j'avais de plus beaux sentiments sous mes guenilles qu'il n'y en a sous une serpillière de ratichon*********. Mais que les diables soient avec le passe-port ! il était jaune, et on avait écrit dessus *forçat-libéré*. Il fallait montrer cela par-tout où je passais et le présenter tous les huit jours au maire du village où l'on me forçait de tapiquer**********. La belle recommandation ! un

---

* Le bourreau.

** Mes mains.

*** Une poche.

**** Je volais un manteau.

***** Un filou.

****** Un voleur.

******* Je forçais une boutique, je faussais une clef.

******** Aux galères.

********* Une soutane d'abbé.

********** Habiter.

galérien! Je faisais peur, et les petits enfants se sauvaient, et l'on fermait les portes. Personne ne voulait me donner d'ouvrage. Je mangeai mes soixante-six francs. Et puis il fallut vivre. Je montrai mes bras bons au travail, on ferma les portes. J'offris ma journée pour quinze sous, pour dix sous, pour cinq sous. Point. Que faire? Un jour, j'avais faim, je donnai un coup de coude dans le carreau d'un boulanger; j'empoignai un pain, et le boulanger m'empoigna; je ne mangeai pas le pain, et j'eus les galères à perpétuité, avec trois lettres de feu sur l'épaule. — Je te montrerai, si tu veux. — On appelle cette justice-là *la récidive.* Me voilà donc cheval de retour*. On me remit à Toulon; cette fois avec les bonnets verts**. Il fallait m'évader. Pour cela, je n'avais que trois murs à percer, deux chaînes à couper, et j'avais un clou. Je m'évadai. On tira le canon d'alerte; car, nous autres, nous sommes comme les cardinaux de Rome, habillés de rouge, et on tire le canon quand nous partons. Leur poudre alla aux moineaux. Cette fois, pas de passe-port jaune, mais pas d'argent non plus. Je rencontrai des camarades qui avaient aussi fait leur temps ou cassé leur ficelle. Leur coire*** me proposa d'être des leurs; on faisait la grande soulasse sur le trimar****. J'acceptai, et je me mis à tuer pour vivre. C'était tantôt une diligence, tantôt une chaise de poste, tantôt un marchand de bœufs à cheval. On prenait l'argent, on laissait aller au hasard la bête ou la voiture, et l'on enterrait l'homme sous un arbre, en ayant soin que les pieds ne sortissent pas; et puis on dansait sur la fosse, pour que la terre ne parût pas fraîchement remuée. J'ai vieilli comme cela, gîtant dans les broussailles, dormant aux belles étoiles, traqué de bois en bois, mais du moins libre et à moi. Tout a une fin, et autant celle-là qu'une autre. Les marchands de lacets*****, une belle nuit, nous ont pris au collet. Mes fanandels****** se sont sauvés; mais moi, le plus vieux, je suis resté sous la griffe de ces chats à chapeaux galonnés. On m'a amené ici. J'avais déjà passé par tous les échelons de l'échelle, excepté un. Avoir volé un mouchoir ou tué un homme, c'était tout un pour moi désormais; il y avait encore une

* Ramené au bagne.
** Les condamnés à perpétuité.
*** Leur chef.
**** On assassinait sur les grands chemins.
***** Les gendarmes.
****** Camarades.

récidive à m'appliquer. Je n'avais plus qu'à passer par le faucheur*. Mon affaire a été courte. Ma foi, je commençais à vieillir et à n'être plus bon à rien. Mon père a épousé la veuve**, moi je me retire à l'abbaye de Mont-à-Regret ***. — Voilà, camarade.

J'étais resté stupide en l'écoutant. Il s'est remis à rire plus haut encore qu'en commençant, et a voulu me prendre la main. J'ai reculé avec horreur.

— L'ami, m'a-t-il dit, tu n'as pas l'air brave. Ne va pas faire le sinvre devant la carline****. Vois-tu, il y a un mauvais moment à passer sur la placarde*****; mais cela est sitôt fait! Je voudrais être là pour te montrer la culbute. Mille dieux! j'ai envie de ne pas me pourvoir, si l'on veut me faucher aujourd'hui avec toi. Le même prêtre nous servira à tous deux; ça m'est égal d'avoir tes restes. Tu vois que je suis un bon garçon. Hein! dis, veux-tu? d'amitié!

Il a encore fait un pas pour s'approcher de moi.

— Monsieur, lui ai-je répondu en le repoussant, je vous remercie.

Nouveaux éclats de rire à ma réponse.

— Ah! ah! monsieur, vousailles****** êtes un marquis! c'est un marquis!

Je l'ai interrompu :

— Mon ami, j'ai besoin de me recueillir, laissez-moi.

La gravité de ma parole l'a rendu pensif tout à coup. Il a remué sa tête grise et presque chauve; puis, creusant avec ses ongles sa poitrine velue, qui s'offrait nue sous sa chemise ouverte :

— Je comprends, a-t-il murmuré entre ses dents; au fait, le sanglier ******* !...

Puis, après quelques minutes de silence :

— Tenez, m'a-t-il dit presque timidement, vous êtes un marquis, c'est fort bien ; mais vous avez là une belle redingote qui ne vous servira plus à grand'chose! le taule la prendra. Donnez-la-moi, je la vendrai pour avoir du tabac.

* Le bourreau.
** A été pendu.
*** La guillotine.
**** Le poltron devant la mort
***** Place de Grève.
****** Vous.
******* Le prêtre.

J'ai ôté ma redingote et je la lui ai donnée. Il s'est mis à battre des mains avec une joie d'enfant. Puis, voyant que j'étais en chemise et que je grelottais :

— Vous avez froid, monsieur, mettez ceci ; il pleut, et vous seriez mouillé ; et puis il faut être décemment sur la charrette.

En parlant ainsi, il ôtait sa grosse veste de laine grise et la passait dans mes bras. Je le laissais faire.

Alors j'ai été m'appuyer contre le mur, et je ne saurais dire quel effet me faisait cet homme. Il s'était mis à examiner la redingote que je lui avais donnée, et poussait à chaque instant des cris de joie.

— Les poches sont toutes neuves ! le collet n'est pas usé ! — j'en aurai au moins quinze francs. Quel bonheur ! du tabac pour mes six semaines !

La porte s'est rouverte. On venait nous chercher tous deux ; moi, pour me conduire à la chambre où les condamnés attendent l'heure ; lui, pour le mener à Bicêtre. Il s'est placé en riant au milieu du piquet qui devait l'emmener, et il disait aux gendarmes :

— Ah çà ! ne vous trompez pas ; nous avons changé de pelure, monsieur et moi ; mais ne me prenez pas à sa place. Diable ! cela ne m'arrangerait pas, maintenant que j'ai de quoi avoir du tabac !

XXIV

Ce vieux scélérat, il m'a pris ma redingote, car je ne la lui ai pas donnée, et puis il m'a laissé cette guenille, sa veste infâme. De qui vais-je avoir l'air ?

Je ne lui ai pas laissé prendre ma redingote par insouciance ou par charité. Non ; mais parce qu'il était plus fort que moi. Si j'avais refusé, il m'aurait battu avec ses gros poings.

Ah bien oui, charité ! j'étais plein de mauvais sentiments. J'aurais voulu pouvoir l'étrangler de mes mains, le vieux voleur ! pouvoir le piler sous mes pieds !

Je me sens le cœur plein de rage et d'amertume. Je crois que la poche au fiel a crevé. La mort rend méchant.

XXV

Ils m'ont amené dans une cellule où il n'y a que les quatre murs avec beaucoup de barreaux à la fenêtre et beaucoup de verrous à la porte, cela va sans dire.

J'ai demandé une table, une chaise, et ce qu'il faut pour écrire. On m'a apporté tout cela.

Puis j'ai demandé un lit. Le guichetier m'a regardé de ce regard étonné qui semble dire : — A quoi bon ?

Cependant ils ont dressé un lit de sangle dans le coin. Mais en même temps un gendarme est venu s'installer dans ce qu'ils appellent *ma chambre*. Est-ce qu'ils ont peur que je ne m'étrangle avec le matelas ?

XXVI

Il est dix heures.

O ma pauvre petite fille ! encore six heures, et je serai mort ! je serai quelque chose d'immonde qui traînera sur la table froide des amphithéâtres ; une tête qu'on moulera d'un côté, un tronc qu'on disséquera de l'autre ; puis de ce qui restera, on en mettra plein une bière, et le tout ira à Clamart.

Voilà ce qu'ils vont faire de ton père, ces hommes dont aucun ne me hait, qui tous me plaignent et tous pourraient me sauver. Ils vont me tuer. Comprends-tu cela, Marie ? me tuer de sang-froid, en cérémonie, pour le bien de la chose ! Ah ! grand Dieu !

Pauvre petite ! ton père, qui t'aimait tant, ton père qui baisait ton petit cou blanc et parfumé, qui passait la main sans cesse dans les boucles de tes cheveux comme sur de la soie, qui prenait ton joli visage rond dans sa main, qui te faisait sauter sur ses genoux, et le soir joignait tes deux petites mains pour prier Dieu !

7

Qui est-ce qui te fera tout cela maintenant ? Qui est-ce qui t'aimera ? Tous les enfants de ton âge auront des pères, excepté toi. Comment te déshabitueras-tu, mon enfant, du jour de l'an, des étrennes, des beaux joujoux, des bonbons et des baisers ? Comment te déshabitueras-tu, malheureuse orpheline, de boire et de manger ?

Oh ! si ces jurés l'avaient vue, au moins, ma jolie petite Marie, ils auraient compris qu'il ne faut pas tuer le père d'un enfant de trois ans.

Et quand elle sera grande, si elle va jusque-là, que deviendra-t-elle ? Son père sera un des souvenirs du peuple de Paris. Elle rougira de moi et de mon nom ; elle sera méprisée, repoussée, vile à cause de moi, de moi qui l'aime de toutes les tendresses de mon cœur. O ma petite Marie bien-aimée ! Est-il bien vrai que tu auras honte et horreur de moi ?

Misérable ! quel crime j'ai commis et quel crime je fais commettre à la société !

Oh ! est-il bien vrai que je vais mourir avant la fin du jour ? Est-il bien vrai que c'est moi ? Ce bruit sourd de cris que j'entends au dehors, ce flot de peuple joyeux qui déjà se hâte sur les quais, ces gendarmes qui s'apprêtent dans leurs casernes, ce prêtre en robe noire, cet autre homme aux mains rouges, c'est pour moi ! c'est moi qui vais mourir ! moi, le même qui est ici, qui vit, qui se meut, qui respire, qui est assis à cette table, laquelle ressemble à une autre table, et pourrait bien être ailleurs ; moi, enfin, ce moi que je touche et que je sens, et dont le vêtement fait les plis que voilà !

XXVII

Encore si je savais comment cela est fait et de quelle façon on meurt là-dessus ; mais, c'est horrible, je ne le sais pas.

Le nom de la chose est effroyable, et je ne comprends point comment j'ai pu jusqu'à présent l'écrire et le prononcer.

La combinaison de ces dix lettres, leur aspect, leur physionomie est bien faite pour réveiller une idée épouvantable, et le médecin de malheur qui a inventé la chose avait un nom prédestiné.

L'image que j'y attache, à ce mot hideux, est vague, indéterminée, et d'autant plus sinistre. Chaque syllabe est comme une pièce de la machine. J'en construis et j'en démolis sans cesse dans mon esprit la monstrueuse charpente.

Je n'ose faire une question là-dessus, mais il est affreux de ne savoir ce que c'est, ni comment s'y prendre. Il paraît qu'il y a une bascule et qu'on vous couche sur le ventre... — Ah! mes cheveux blanchiront avant que ma tête ne tombe!

XXVIII

Je l'ai cependant entrevue une fois.

Je passais sur la place de Grève, en voiture, un jour, vers onze heures du matin. Tout à coup la voiture s'arrêta.

Il y avait foule sur la place. Je mis la tête à la portière. Une populace encombrait la Grève et le quai, et des femmes, des hommes, des enfants étaient debout sur le parapet. Au-dessus des têtes, on voyait une espèce d'estrade en bois rouge que trois hommes échafaudaient.

Un condamné devait être exécuté le jour même, et l'on bâtissait la machine.

Je détournai la tête avant d'avoir vu. A côté de la voiture, il y avait une femme qui disait à un enfant :

— Tiens, regarde! le couteau coule mal, ils vont graisser la rainure avec un bout de chandelle.

C'est probablement là qu'ils en sont aujourd'hui. Onze heures viennent de sonner. Ils graissent sans doute la rainure.

Ah! cette fois, malheureux, je ne détournerai pas la tête.

XXIX

O ma grâce ! ma grâce ! on me fera peut-être grâce. Le roi ne m'en veut pas. Qu'on aille chercher mon avocat ! Vite l'avocat ! Je veux bien des galères.

Cinq ans de galères, et que tout soit dit, — ou vingt ans, — ou à perpétuité avec le fer rouge. Mais grâce de la vie !

Un forçat, cela marche encore, cela va et vient, cela voit le soleil.

XXX

Le prêtre est revenu.

Il a des cheveux blancs, l'air très doux, une bonne et respectable figure ; c'est en effet un homme excellent et charitable. Ce matin, je l'ai vu vider sa bourse dans les mains des prisonniers. D'où vient que sa voix n'a rien qui émeuve et qui soit ému ? D'où vient qu'il ne m'a rien dit encore qui m'ait pris par l'intelligence ou par le cœur ?

Ce matin, j'étais égaré. J'ai à peine entendu ce qu'il m'a dit. Cependant ses paroles m'ont semblé inutiles, et je suis resté indifférent ; elles ont glissé comme cette pluie froide sur cette vitre glacée.

Cependant, quand il est rentré tout à l'heure près de moi, sa vue m'a fait du bien. C'est parmi tous ces hommes le seul qui soit encore homme pour moi, me suis-je dit. Et il m'a pris une ardente soif de bonnes et consolantes paroles.

Nous nous sommes assis, lui sur la chaise, moi sur le lit. Il m'a dit : — Mon fils... — Ce mot m'a ouvert le cœur. Il a continué :

— Mon fils, croyez-vous en Dieu ?

— Oui, mon père, lui ai-je répondu.

— Croyez-vous en la sainte église catholique, apostolique et romaine ?

— Volontiers, lui ai-je dit.

— Mon fils, a-t-il repris, vous avez l'air de douter.

Alors il s'est mis à parler. Il a parlé longtemps ; il a dit beaucoup de paroles ; puis, quand il a cru avoir fini, il s'est levé et m'a regardé

pour la première fois depuis le commencement de son discours, en m'interrogeant :

— Eh bien?

Je proteste que je l'avais écouté avec avidité d'abord, puis avec attention, puis avec dévouement.

Je me suis levé aussi.

— Monsieur, lui ai-je répondu, laissez-moi seul, je vous prie.

Il m'a demandé :

— Quand reviendrai-je?

— Je vous le ferai savoir.

Alors il est sorti sans rien dire, mais en hochant la tête, comme se disant à lui-même :

— Un impie !

Non, si bas que je sois tombé, je ne suis pas un impie, et Dieu m'est témoin que je crois en lui. Mais que m'a-t-il dit, ce vieillard ? rien de senti, rien d'attendri, rien de pleuré, rien d'arraché de l'âme, rien qui vînt de son cœur pour aller au mien, rien qui fût de lui à moi. Au contraire, je ne sais quoi de vague, d'inaccentué, d'applicable à tout et à tous ; emphatique où il eût été besoin de profondeur, plat où il eût fallu être simple ; une espèce de sermon sentimental et d'élégie théologique. Çà et là, une citation latine en latin. Saint Augustin, saint Grégoire, que sais-je ? Et puis, il avait l'air de réciter une leçon déjà vingt fois récitée, de repasser un thème, oblitéré dans sa mémoire à force d'être su. Pas un regard dans l'œil, pas un accent dans la voix, pas un geste dans les mains.

Et comment en serait-il autrement ? Ce prêtre est l'aumônier en titre de la prison. Son état est de consoler et d'exhorter, et il vit de cela. Les forçats, les patients sont du ressort de son éloquence. Il les confesse et les assiste, parce qu'il a sa place à faire. Il a vieilli à mener des hommes mourir. Depuis longtemps il est habitué à ce qui fait frissonner les autres ; ses cheveux, bien poudrés à blanc, ne se dressent plus ; le bagne et l'échafaud sont de tous les jours pour lui. Il est blasé. Probablement il a son cahier ; telle page les galériens, telle page les condamnés à mort. On l'avertit la veille qu'il y aura quelqu'un à consoler le lendemain à telle heure ; il demande ce que c'est, galérien ou supplicié, et relit la page et puis il vient. De cette façon, il advient que ceux qui vont à Toulon et ceux qui vont à la Grève sont un lieu commun pour lui, et qu'il est un lieu commun pour eux.

Oh ! qu'on m'aille donc, au lieu de cela, chercher quelque jeune vicaire, quelque vieux curé, au hasard, dans la première paroisse venue ; qu'on le prenne au coin de son feu, lisant son livre et ne s'attendant à rien, et qu'on lui dise :

— Il y a un homme qui va mourir, et il faut que ce soit vous qui le consoliez. Il faut que vous soyez là quand on lui liera les mains, là quand on lui coupera les cheveux ; que vous montiez dans sa charrette avec votre crucifix pour lui cacher le bourreau ; que vous soyez cahoté avec lui par le pavé jusqu'à la Grève ; que vous traversiez avec lui l'horrible foule buveuse de sang ; que vous l'embrassiez au pied de l'échafaud, et que vous restiez jusqu'à ce que la tête soit ici et le corps là.

Alors, qu'on me l'amène, tout palpitant, tout frissonnant de la tête aux pieds ; qu'on me jette entre ses bras, à ses genoux ; et il pleurera et nous pleurerons, et il sera éloquent, et je serai consolé, et mon cœur se dégonflera dans le sien, et il prendra mon âme, et je prendrai son Dieu.

Mais, ce bon vieillard, qu'est-il pour moi ? que suis-je pour lui ? un individu de l'espèce malheureuse, une ombre comme il en a déjà tant vu, une unité à ajouter au chiffre des exécutions.

J'ai peut-être tort de le repousser ainsi ; c'est lui qui est bon et moi qui suis mauvais. Hélas ! ce n'est pas ma faute. C'est mon souffle de condamné qui gâte et flétrit tout.

On vient de m'apporter de la nourriture ; ils ont cru que je devais avoir besoin. Une table délicate et recherchée, un poulet, il me semble, et autre chose encore. Eh bien ! j'ai essayé de manger ; mais à la première bouchée, tout est tombé de ma bouche, tant cela m'a paru amer et fétide !

XXXI

Il vient d'entrer un monsieur, le chapeau sur la tête, qui m'a à peine regardé, puis a ouvert un pied de roi et s'est mis à mesurer de bas en haut les pierres du mur, parlant d'une voix très haute pour dire tantôt : *C'est cela* ; tantôt : *Ce n'est pas cela*.

J'ai demandé au gendarme qui c'était. Il paraît que c'est une espèce de sous-architecte employé à la prison.

De son côté, sa curiosité s'est éveillée sur mon compte. Il a échangé quelques demi-mots avec le porte-clefs qui l'accompagnait ; puis a fixé un instant les yeux sur moi, a secoué la tête d'un air insouciant, et s'est remis à parler à haute voix et à prendre des mesures.

Sa besogne finie, il s'est approché de moi en me disant avec sa voix éclatante :

— Mon bon ami, dans six mois cette prison sera beaucoup mieux.

Et son geste semblait ajouter :

— Vous n'en jouirez pas, c'est dommage.

Il souriait presque. J'ai cru voir le moment où il allait me railler doucement, comme on plaisante une jeune mariée le soir de ses noces.

Mon gendarme, vieux soldat à chevrons, s'est chargé de la réponse.

— Monsieur, lui a-t-il dit, on ne parle pas si haut dans la chambre d'un mort.

L'architecte s'en est allé.

Moi, j'étais là, comme une des pierres qu'il mesurait.

XXXII

Et puis, il m'est arrivé une chose ridicule.

On est venu relever mon bon vieux gendarme, auquel, ingrat égoïste que je suis, je n'ai seulement pas serré la main. Un autre l'a remplacé, homme à front déprimé, des yeux de bœuf, une figure inepte.

Au reste, je n'y avais fait aucune attention. Je tournais le dos à la porte, assis devant la table ; je tâchais de rafraîchir mon front avec ma main, et mes pensées troublaient mon esprit.

Un léger coup frappé sur mon épaule m'a fait tourner la tête. C'était le nouveau gendarme, avec qui j'étais seul.

Voici à peu près de quelle façon il m'a adressé la parole.

— Criminel, avez-vous bon cœur ?

— Non, lui ai-je dit.

La brusquerie de ma réponse a paru le déconcerter. Cependant il a repris en hésitant :

— On n'est pas méchant pour le plaisir de l'être.

— Pourquoi non ? ai-je répliqué. Si vous n'avez que cela à me dire, laissez-moi. Où voulez-vous en venir ?

— Pardon, mon criminel, a-t-il répondu. Deux mots seulement. Voici. Si vous pouviez faire le bonheur d'un pauvre homme, et que cela ne vous coûtât rien, est-ce que vous ne le feriez pas ?

J'ai haussé les épaules.

— Est-ce que vous arrivez de Charenton? Vous choisissez un singulier vase pour y puiser du bonheur. Moi, faire le bonheur de quelqu'un !

Il a baissé la voix et pris un air mystérieux, ce qui n'allait pas
à sa figure idiote.

— Oui, criminel, oui bonheur, oui fortune. Tout cela me sera
venu de vous. Voici. Je suis un pauvre gendarme. Le service est lourd,
la paye est légère ; mon cheval est à moi et me ruine. Or, je mets à la
loterie pour contre-balancer. Il faut bien avoir une industrie. Jusqu'ici
il ne m'a manqué pour gagner que d'avoir de bons numéros. J'en
cherche partout de sûrs ; je tombe toujours à côté. Je mets le 76; il sort
le 77. J'ai beau les nourrir, ils ne viennent pas... — Un peu de patience,
s'il vous plaît ; je suis à la fin. — Or, voici une belle occasion pour moi.
Il paraît, pardon, criminel, que vous passez aujourd'hui. Il est certain
que les morts qu'on fait périr comme cela voient la loterie d'avance.
Promettez-moi de venir demain soir, qu'est-ce que cela vous fait? me
donner trois numéros, trois bons. Hein ? — Je n'ai pas peur des reve-
nants, soyez tranquille. Voici mon adresse : Caserne Popincourt, escalier A, n° 26, au fond du corridor. Vous me reconnaîtrez bien, n'est-
ce pas ? — Venez même ce soir, si cela vous est plus commode.

J'aurais dédaigné de lui répondre, à cet imbécile, si une espérance folle ne m'avait traversé l'esprit. Dans la position désespérée où
je suis, on croit par moments qu'on briserait une chaîne avec un
cheveu.

— Écoute, lui ai-je dit en faisant le comédien autant que le peut
faire celui qui va mourir, je puis en effet te rendre plus riche que le
roi, te faire gagner des millions. — A une condition.

Il ouvrait des yeux stupides.

— Laquelle? laquelle? tout pour vous plaire, mon criminel.

— Au lieu de trois numéros, je t'en promets quatre. Change d'habits avec moi.

— Si ce n'est que cela ! s'est-il écrié en défaisant les premières
agrafes de son uniforme.

Je m'étais levé de ma chaise. J'observais tous ses mouvements,
mon cœur palpitait. Je voyais déjà les portes s'ouvrir devant l'uniforme de gendarme, et la place, et la rue, et le Palais de Justice derrière moi !

8

Mais il s'est retourné d'un air indécis.

— Ah çà ! ce n'est pas pour sortir d'ici ?

J'ai compris que tout était perdu. Cependant j'ai tenté un dernier effort, bien inutile et bien insensé !

— Si fait, lui ai-je dit, mais ta fortune est faite...

Il m'a interrompu.

— Ah bien non ! tiens ! et mes numéros ! pour qu'ils soient bons, il faut que vous soyez mort.

Je me suis rassis, muet et plus désespéré de toute l'espérance que j'avais eue.

XXXIII

J'ai fermé les yeux, et j'ai mis les mains dessus, et j'ai tâché d'oublier le présent dans le passé. Tandis que je rêve, les souvenirs de mon enfance et de ma jeunesse me reviennent un à un, doux, calmes, riants, comme des îles de fleurs sur ce gouffre de pensées noires et confuses qui tourbillonnent dans mon cerveau.

Je me revois enfant, écolier rieur et frais, jouant, courant, criant avec mes frères dans la grande allée verte de ce jardin sauvage où ont coulé mes premières années, ancien enclos de religieuses que domine de sa tête de plomb le sombre dôme du Val-de-Grâce.

Et puis, quatre ans plus tard, m'y voilà encore, toujours enfant, mais déjà rêveur et passionné. Il y a une jeune fille dans le solitaire jardin.

La petite espagnole, avec ses grands yeux et ses grands cheveux, sa peau brune et dorée, ses lèvres rouges et ses joues roses, l'andalouse de quatorze ans, Pepa.

Nos mères nous ont dit d'aller courir ensemble ; nous sommes venus nous promener.

On nous a dit de jouer, et nous causons, enfants du même âge, non du même sexe.

Pourtant, il n'y a encore qu'un an, nous courions, nous luttions ensemble. Je disputais à Pepita la plus belle pomme du pommier ; je la frappais pour un nid d'oiseau. Elle pleurait ; je disais : C'est bien fait ! et nous allions tous deux nous plaindre ensemble à nos mères, qui nous donnaient tort tout haut et raison tout bas.

Maintenant elle s'appuie sur mon bras, et je suis tout fier et tout ému. Nous marchons lentement, nous parlons bas. Elle laisse tomber son mouchoir ; je le lui ramasse. Nos mains tremblent en se touchant. Elle me parle des petits oiseaux, de l'étoile qu'on voit là-bas, du couchant vermeil derrière les arbres, ou bien de ses amies de pension, de sa robe et de ses rubans.

Nous disons des choses innocentes, et nous rougissons tous deux. La petite fille est devenue jeune fille.

Ce soir-là, — c'était un soir d'été, nous étions sous les marronniers, au fond du jardin. Après un de ces longs silences qui remplissaient nos promenades, elle quitta tout à coup mon bras et me dit : Courons !

Je la vois encore ; elle était tout en noir, en deuil de sa grand'mère. Il lui passa par la tête une idée d'enfant, Pepa redevint Pepita, elle me dit : Courons !

Et elle se mit à courir devant moi avec sa taille fine comme le corset d'une abeille et ses petits pieds qui relevaient sa robe jusqu'à mi-jambe. Je la poursuivis, elle fuyait ; le vent de sa course soulevait par moments sa pèlerine noire, et me laissait voir son dos brun et frais.

J'étais hors de moi. Je l'atteignis près du vieux puisard en ruine ; je la pris par la ceinture, du droit de victoire, et je la fis asseoir sur un banc de gazon ; elle ne résista pas. Elle était essoufflée et riait. Moi, j'étais sérieux, et je regardais ses prunelles noires à travers ses cils noirs.

— Asseyez-vous là, me dit-elle. Il fait encore grand jour, lisons quelque chose. Avez-vous un livre ?

J'avais sur moi le tome second des Voyages de Spallanzani. J'ouvris au hasard, je me rapprochai d'elle, elle appuya son épaule à mon épaule, et nous nous mîmes à lire chacun de notre côté, tout bas, la même page.

Avant de tourner le feuillet, elle était toujours obligée de m'attendre. Mon esprit allait moins vite que le sien.

— Avez-vous fini ? me disait-elle, que j'avais à peine commencé.

Cependant nos têtes se touchaient, nos cheveux se mêlaient, nos haleines peu à peu se rapprochèrent, et nos bouches tout à coup.

Quand nous voulûmes continuer notre lecture, le ciel était étoilé.

— Oh! maman, maman, dit-elle en rentrant, si tu savais comme nous avons couru!

Moi, je gardais le silence.

— Tu ne dis rien, me dit ma mère, tu as l'air triste.

J'avais le paradis dans le cœur.

C'est une soirée que je me rappellerai toute ma vie.

Toute ma vie!

XXXIV

Une heure vient de sonner, je ne sais laquelle ; j'entends mal le marteau de l'horloge. Il me semble que j'ai un bruit d'orgue dans les oreilles ; ce sont mes dernières pensées qui bourdonnent.

A ce moment suprême où je me recueille dans mes souvenirs, j'y retrouve mon crime avec horreur ; mais je voudrais me repentir davantage encore. J'avais plus de remords avant ma condamnation ; depuis, il semble qu'il n'y ait plus de place que pour les pensées de mort. Pourtant, je voudrais bien me repentir beaucoup.

Quand j'ai rêvé une minute à ce qu'il y a de passé dans ma vie, et que j'en reviens au coup de hache qui doit la terminer tout à l'heure, je frissonne comme d'une chose nouvelle. Ma belle enfance ! ma belle jeunesse ! étoffe dorée dont l'extrémité est sanglante. Entre alors et à présent il y a une rivière de sang ; le sang de l'autre et le mien.

Si on lit un jour mon histoire, après tant d'années d'innocence et de bonheur, on ne voudra pas croire à cette année exécrable, qui s'ouvre par un crime et se clôt par un supplice ; elle aura l'air dépareillée.

Et pourtant, misérables lois et misérables hommes, je n'étais pas un méchant !

Oh ! mourir dans quelques heures, et penser qu'il y a un an, à pareil jour, j'étais libre et pur, que je faisais mes promenades d'automne, que j'errais sous les arbres, et que je marchais dans les feuilles !

XXXV

En ce moment même, il y a tout auprès de moi, dans ces maisons qui font cercle autour du Palais et de la Grève, et partout dans Paris, des hommes qui vont et viennent, causent et rient, lisent le journal, pensent à leurs affaires ; des marchands qui vendent ; des jeunes filles qui préparent leurs robes de bal pour ce soir ; des mères qui jouent avec leurs enfants !

XXXVI

Je me souviens qu'un jour, étant enfant, j'allai voir le bourdon de Notre-Dame.

J'étais déjà étourdi d'avoir monté le sombre escalier en colimaçon, d'avoir parcouru la frêle galerie qui lie les deux tours, d'avoir eu Paris sous les pieds, quand j'entrai dans la cage de pierre et de charpente où pend le bourdon avec son battant, qui pèse un millier.

J'avançai en tremblant sur les planches mal jointes, regardant à distance cette cloche si fameuse parmi les enfants et le peuple de Paris, et ne remarquant pas sans effroi que les auvents couverts d'ardoises qui entourent le clocher de leurs plans inclinés étaient au niveau de mes pieds. Dans les intervalles, je voyais, en quelque sorte à vol d'oiseau, la place du Parvis-Notre-Dame, et les passants comme des fourmis.

Tout à coup l'énorme cloche tinta ; une vibration profonde remua l'air, fit osciller la lourde tour. Le plancher sautait sur les poutres. Le bruit faillit me renverser ; je chancelai, prêt à tomber, prêt à glisser sur les auvents d'ardoises en pente. De terreur, je me couchai sur les planches, les serrant étroitement de mes deux bras, sans parole, sans haleine, avec ce formidable tintement dans les oreilles, et, sous les yeux, ce précipice, cette place profonde où se croisaient tant de passants paisibles et enviés.

Eh bien ! il me semble que je suis encore dans la tour du bourdon. C'est tout ensemble un étourdissement et un éblouissement. Il y a comme un bruit de cloche qui ébranle les cavités de mon cerveau, et autour de moi je n'aperçois plus cette vie plane et tranquille que j'ai quittée, et où les autres hommes cheminent encore, que de loin et à travers les crevasses d'un abîme.

XXXVII

L'hôtel de ville est un édifice sinistre.

Avec son toit aigu et roide, son clocheton bizarre, son grand cadran blanc, ses étages à petites colonnes, ses mille croisées, ses escaliers usés par les pas, ses deux arches à droite et à gauche, il est là, de plain-pied avec la Grève ; sombre, lugubre, la face toute rongée de vieillesse, et si noir, qu'il est noir au soleil.

Les jours d'exécution, il vomit des gendarmes de toutes ses portes, et regarde le condamné avec toutes ses fenêtres.

Et le soir, son cadran, qui a marqué l'heure, reste lumineux sur sa façade ténébreuse.

XXXVIII

Il est une heure et quart.

Voici ce que j'éprouve maintenant !

Une violente douleur de tête, les reins froids, le front brûlant. Chaque fois que je me lève ou que je me penche, il me semble qu'il y a un liquide qui flotte dans mon cerveau, et qui fait battre ma cervelle contre les parois du crâne.

J'ai des tressaillements convulsifs, et de temps en temps la plume tombe de mes mains comme par une secousse galvanique.

Les yeux me cuisent comme si j'étais dans la fumée.

J'ai mal dans les coudes.

Encore deux heures et quarante-cinq minutes, et je serai guéri.

XXXIX

Ils disent que ce n'est rien, qu'on ne souffre pas, que c'est une fin douce, que la mort de cette façon est bien simplifiée.

Eh! qu'est-ce donc que cette agonie de six semaines et ce râle de tout un jour? Qu'est-ce que les angoisses de cette journée irréparable, qui s'écoule si lentement et si vite? Qu'est-ce que cette échelle de tortures qui aboutit à l'échafaud?

Apparemment ce n'est pas là souffrir.

Ne sont-ce pas les mêmes convulsions, que le sang s'épuise goutte à goutte, ou que l'intelligence s'éteigne pensée à pensée?

Et puis, on ne souffre pas, en sont-ils sûrs? Qui le leur a dit? Conte-t-on que jamais une tête coupée se soit dressée sanglante au bord du panier, et qu'elle ait crié au peuple : Cela ne fait pas de mal!

Y a-t-il des morts de leur façon qui soient venus les remercier et leur dire : C'est bien inventé. Tenez-vous-en là. La mécanique est bonne.

Est-ce Robespierre? Est-ce Louis XVI?...

Non, rien! moins qu'une minute, moins qu'une seconde, et la chose est faite. — Se sont-ils jamais mis, seulement en pensée, à la place de celui qui est là, au moment où le lourd tranchant qui tombe mord la chair, rompt les nerfs, brise les vertèbres... Mais quoi! une demi-seconde! la douleur est escamotée... Horreur!

XL

Il est singulier que je pense sans cesse au roi. J'ai beau faire, beau secouer la tête, j'ai une voix dans l'oreille qui me dit toujours :

— Il y a dans cette même ville, à cette même heure, et pas bien loin d'ici, dans un autre palais, un homme qui a aussi des gardes à toutes ses portes, un homme unique comme toi dans le peuple, avec cette différence qu'il est aussi haut que tu es bas. Sa vie entière, minute par minute, n'est que gloire, grandeur, délices, enivrement. Tout est autour de lui amour, respect, vénération. Les voix les plus hautes deviennent basses en lui parlant et les fronts les plus fiers ploient. Il n'a que de la soie et de l'or sous les yeux. A cette heure, il tient quelque conseil de ministres où tous sont de son avis ; ou bien songe à la chasse de demain, au bal de ce soir, sûr que la fête viendra à l'heure, et laissant à d'autres le travail de ses plaisirs. Eh bien ! cet homme est de chair et d'os comme toi ! — Et pour qu'à l'instant même l'horrible échafaud s'écroulât, pour que tout te fût rendu, vie, liberté, fortune, famille, il suffirait qu'il écrivît avec cette plume les sept lettres de son nom au bas d'un morceau de papier, ou même que son carrosse rencontrât ta charrette ! — Et il est bon, et il ne demanderait pas mieux peut-être, et il n'en sera rien !

XLI

Eh bien donc ! ayons courage avec la mort, prenons cette horrible idée à deux mains, et considérons-la en face. Demandons-lui compte de ce qu'elle est, sachons ce qu'elle nous veut, retournons-la en tous sens, épelons l'énigme, et regardons d'avance dans le tombeau.

Il me semble que, dès que mes yeux seront fermés, je verrai une grande clarté et des abîmes de lumière où mon esprit roulera sans fin. Il me semble que le ciel sera lumineux de sa propre essence, que les astres y feront des taches obscures, et qu'au lieu d'être comme pour les yeux vivants des paillettes d'or sur du velours noir, ils sembleront des points noirs sur du drap d'or.

9

Ou bien, misérable que je suis, ce sera peut-être un gouffre hideux, profond, dont les parois seront tapissées de ténèbres, et où je tomberai sans cesse en voyant des formes remuer dans l'ombre.

Ou bien, en m'éveillant après le coup, je me trouverai peut-être sur quelque surface plane et humide, rampant dans l'obscurité et tournant sur moi-même comme une tête qui roule. Il me semble qu'il y aura un grand vent qui me poussera, et que je serai heurté çà et là par d'autres têtes roulantes. Il y aura par places des mares et des ruisseaux d'un liquide inconnu et tiède; tout sera noir. Quand mes yeux, dans leur rotation, seront tournés en haut, ils ne verront qu'un ciel d'ombre, dont les couches épaisses pèseront sur eux, et au loin dans le fond de grandes arches de fumée plus noires que les ténèbres. Ils verront aussi voltiger dans la nuit de petites étincelles rouges, qui, en s'approchant, deviendront des oiseaux de feu. Et ce sera ainsi toute l'éternité.

Il se peut bien aussi qu'à certaines dates les morts de la Grève se rassemblent par de noires nuits d'hiver sur la place qui est à eux. Ce sera une foule pâle et sanglante, et je n'y manquerai pas. Il n'y aura pas de lune, et l'on parlera à voix basse. L'hôtel de ville sera là, avec sa façade vermoulue, son toit déchiqueté, et son cadran qui aura été sans pitié pour tous. Il y aura sur la place une guillotine de l'enfer, où un démon exécutera un bourreau ; ce sera à quatre heures du matin. A notre tour nous ferons foule autour.

Il est probable que cela est ainsi. Mais si ces morts-là reviennent, sous quelle forme reviennent-ils ? Que gardent-ils de leur corps incomplet et mutilé ? Que choisissent-ils ? Est-ce la tête ou le tronc qui est spectre ?

Hélas ! qu'est-ce que la mort fait avec notre âme ? quelle nature lui laisse-t-elle ? qu'a-t-elle à lui prendre ou à lui donner ? où la met-elle ? lui prête-t-elle quelquefois des yeux de chair pour regarder sur la terre et pleurer ?

Ah ! un prêtre ! un prêtre qui sache cela ! Je veux un prêtre, et un crucifix à baiser !

Mon Dieu, toujours le même !

XLII

Je l'ai prié de me laisser dormir, et je me suis jeté sur le lit.

En effet, j'avais un flot de sang dans la tête, qui m'a fait dormir. C'est mon dernier sommeil, de cette espèce.

J'ai fait un rêve.

J'ai rêvé que c'était la nuit. Il me semblait que j'étais dans mon cabinet avec deux ou trois de mes amis, je ne sais plus lesquels.

Ma femme était couchée dans la chambre à coucher, à côté, et dormait avec son enfant.

Nous parlions à voix basse, mes amis et moi, et ce que nous disions nous effrayait.

Tout à coup il me sembla entendre un bruit quelque part dans les autres pièces de l'appartement; un bruit faible, étrange, indéterminé.

Mes amis avaient entendu comme moi. Nous écoutâmes; c'était comme une serrure qu'on ouvre sourdement, comme un verrou qu'on scie à petit bruit.

Il y avait quelque chose qui nous glaçait; nous avions peur. Nous pensâmes que peut-être c'étaient des voleurs qui s'étaient introduits chez moi, à cette heure si avancée de la nuit.

Nous résolûmes d'aller voir. Je me levai, je pris la bougie. Mes amis me suivaient, un à un.

Nous traversâmes la chambre à coucher, à côté. Ma femme dormait avec son enfant.

Puis nous arrivâmes dans le salon. Rien. Les portraits étaient immobiles dans leur cadre d'or sur la tenture rouge. Il me sembla que la porte du salon à la salle à manger n'était point à sa place ordinaire.

Nous entrâmes dans la salle à manger; nous en fîmes le tour. Je marchais le premier. La porte sur l'escalier était bien fermée, les fenêtres aussi. Arrivé près du poêle je vis que l'armoire au linge était ouverte et que la porte de cette armoire était tirée sur l'angle du mur, comme pour le cacher.

Cela me surprit. Nous pensâmes qu'il y avait quelqu'un derrière la porte.

Je portai la main à cette porte pour refermer l'armoire ; elle résista. Étonné, je tirai plus fort, elle céda brusquement, et nous découvrit une petite vieille, les mains pendantes, les yeux fermés, immobile, debout, et comme collée dans l'angle du mur.

Cela avait quelque chose de hideux, et mes cheveux se dressent d'y penser.

Je demandai à la vieille :

— Que faites-vous là ?

Elle ne répondit pas.

Je lui demandai :

— Qui êtes-vous ?

Elle ne répondit pas, ne bougea pas, et resta les yeux fermés.

Mes amis dirent :

— C'est sans doute la complice de ceux qui sont entrés avec de mauvaises pensées ; ils se sont échappés en nous entendant venir ; elle n'aura pu fuir, et s'est cachée là.

Je l'ai interrogée de nouveau ; elle est demeurée sans voix, sans mouvement, sans regard.

Un de nous l'a poussée à terre, elle est tombée.

Elle est tombée tout d'une pièce, comme un morceau de bois, comme une chose morte.

Nous l'avons remuée du pied, puis deux de nous l'ont relevée et de nouveau appuyée au mur. Elle n'a donné aucun signe de vie. On lui a crié dans l'oreille, elle est restée muette comme si elle était sourde.

Cependant, nous perdions patience, et il y avait de la colère dans notre terreur. Un de nous m'a dit :

— Mettez-lui la bougie sous le menton.

Je lui ai mis la mèche enflammée sous le menton. Alors elle a ouvert un œil à demi, un œil vide, terne, affreux, et qui ne regardait pas.

J'ai ôté la flamme et j'ai dit :

— Ah ! enfin ! répondras-tu, vieille sorcière ? Qui es-tu ?

L'œil s'est refermé comme de lui-même.

— Pour le coup, c'est trop fort, ont dit les autres. Encore la bougie ! encore ! il faudra bien qu'elle parle.

J'ai replacé la lumière sous le menton de la vieille.

Alors, elle a ouvert ses deux yeux lentement, nous a regardés tous les uns après les autres, puis, se baissant brusquement, a soufflé la bougie avec un souffle glacé. Au même moment j'ai senti trois dents aiguës s'imprimer sur ma main dans les ténèbres.

Je me suis réveillé, frissonnant et baigné d'une sueur froide.

Le bon aumônier était assis au pied de mon lit, et lisait des prières.

— Ai-je dormi longtemps ? lui ai-je demandé.

— Mon fils, m'a-t-il dit, vous avez dormi une heure. On vous a amené votre enfant. Elle est là dans la pièce voisine qui vous attend. Je n'ai pas voulu qu'on vous éveillât.

— Oh ! ai-je crié. Ma fille ! qu'on m'amène ma fille !

XLIII

Elle est fraîche, elle est rose, elle a de grands yeux, elle est belle !

On lui a mis une petite robe qui lui va bien.

Je l'ai prise, je l'ai enlevée dans mes bras, je l'ai assise sur mes genoux, je l'ai baisée sur ses cheveux.

Pourquoi pas avec sa mère ? — Sa mère est malade, sa grand'mère aussi. C'est bien.

Elle me regardait d'un air étonné.

Caressée, embrassée, dévorée de baisers et se laissant faire, mais jetant de temps en temps un coup d'œil inquiet sur sa bonne qui pleurait dans le coin.

Enfin j'ai pu parler.

— Marie ! ai-je dit, ma petite Marie !

Je la serrais violemment contre ma poitrine enflée de sanglots. Elle a poussé un petit cri.

— Oh ! vous me faites du mal, monsieur, m'a-t-elle dit.

Monsieur ! il y a bientôt un an qu'elle ne m'a vu, la pauvre enfant. Elle m'a oublié, visage, parole, accent ; et puis, qui me reconnaîtrait avec cette barbe, ces habits et cette pâleur ? Quoi ! déjà effacé de cette mémoire, la seule où j'eusse voulu vivre ! Quoi ! déjà plus père ! être condamné à ne plus entendre ce mot, ce mot de la langue des enfants, si doux qu'il ne peut rester dans celle des hommes : *papa !*

Et pourtant l'entendre de cette bouche, encore une fois, une seule fois, voilà tout ce que j'eusse demandé pour les quarante ans de vie qu'on me prend.

— Écoute, Marie, lui ai-je dit en joignant ses deux petites mains dans les miennes, est-ce que tu ne me connais point ?

Elle m'a regardé avec ses beaux yeux, et a répondu :

— Ah bien non !

— Regarde bien, ai-je répété. Comment, tu ne sais pas qui je suis ?

— Si, a-t-elle dit. Un monsieur.

Hélas ! n'aimer ardemment qu'un seul être au monde, l'aimer avec tout son amour, et l'avoir devant soi, qui vous voit et vous regarde, vous parle et vous répond, et ne vous connaît pas ! Ne vouloir de consolation que de lui, et qu'il soit le seul qui ne sache pas qu'il vous en faut parce que vous allez mourir.

— Marie, ai-je repris, as-tu un papa ?

— Oui, monsieur, a dit l'enfant.

— Eh bien, où est-il ?

Elle a levé ses grands yeux étonnés.

— Ah ! vous ne savez donc pas ? il est mort.

Puis elle a crié ; j'avais failli la laisser tomber.

— Mort ! disais-je. Marie, sais-tu ce que c'est qu'être mort ?

— Oui, monsieur, a-t-elle répondu. Il est dans la terre et dans le ciel.

Elle a continué d'elle-même :

— Je prie le bon Dieu pour lui matin et soir sur les genoux de maman.

Je l'ai baisée au front.

— Marie, dis-moi ta prière.

— Je ne peux pas, monsieur. Une prière, cela ne se dit pas dans le jour. Venez ce soir dans ma maison ; je la dirai.

C'était assez de cela.

Je l'ai interrompue.

— Marie, c'est moi qui suis ton papa.

— Ah ! m'a-t-elle dit.

J'ai ajouté :

— Veux-tu que je sois ton papa ?

L'enfant s'est détournée.

— Non, mon papa était bien plus beau.

Je l'ai couverte de baisers et de larmes. Elle a cherché à se dégager de mes bras en criant :

— Vous me faites mal avec votre barbe.

Alors je l'ai replacée sur mes genoux, en la couvant des yeux, et puis je l'ai questionnée.

— Marie, sais-tu lire?

— Oui, a-t-elle répondu. Je sais bien lire. Maman me fait lire mes lettres.

— Voyons, lis un peu, lui ai-je dit en lui montrant un papier qu'elle tenait chiffonné dans une de ses petites mains.

Elle a hoché sa jolie tête.

— Ah bien! je ne sais lire que des fables.

— Essaie toujours. Voyons, lis.

Elle a déployé le papier, et s'est mise à épeler avec son doigt.

— A, R, *ar*, R, Ê, T, *rêt,* ARRÊT.

Je lui ai arraché cela des mains. C'est ma sentence de mort qu'elle me lisait. Sa bonne avait eu le papier pour un sou. Il me coûtait plus cher, à moi.

Il n'y a pas de parole pour ce que j'éprouvais. Ma violence l'avait effrayée ; elle pleurait presque. Tout à coup elle m'a dit :

— Rendez-moi donc mon papier ; tiens ! c'est pour jouer.

Je l'ai remise à sa bonne.

— Emportez-la.

Et je suis retombé sur ma chaise, sombre, désert, désespéré. A présent ils devraient venir ; je ne tiens plus à rien ; la dernière fibre de mon cœur est brisée. Je suis bon pour ce qu'ils vont faire.

XLIV

Le prêtre est bon, le geôlier aussi. Je crois qu'ils ont versé une larme quand j'ai dit qu'on m'emportât mon enfant.

C'est fait. Maintenant il faut que je me roidisse en moi-même, et que je pense fermement au bourreau, à la charrette, aux gendarmes, à la foule sur le pont, à la foule sur le quai, à la foule aux fenêtres, et à ce qu'il y aura exprès pour moi sur cette lugubre place de Grève, qui pourrait être pavée des têtes qu'elle a vu tomber.

Je crois que j'ai encore une heure pour m'habituer à tout cela.

XLV

Tout ce peuple rira, battra des mains, applaudira. Et parmi tous ces hommes, libres et inconnus des geôliers, qui courent pleins de joie à une exécution, dans cette foule de têtes qui couvrira la place, il y aura plus d'une tête prédestinée qui suivra la mienne tôt ou tard dans le panier rouge. Plus d'un qui y vient pour moi y viendra pour soi.

10

Pour ces êtres fatals il y a sur un certain point de la place de Grève un lieu fatal, un centre d'attraction, un piége. Ils tournent autour jusqu'à ce qu'ils y soient.

XLVI

Ma petite Marie! — On l'a remmenée jouer ; elle regarde la foule par la portière du fiacre, et ne pense déjà plus à ce *monsieur*.

Peut-être aurais-je encore le temps d'écrire quelques pages pour elle, afin qu'elle les lise un jour, et qu'elle pleure dans quinze ans pour aujourd'hui.

Oui, il faut qu'elle sache par moi mon histoire, et pourquoi le nom que je lui laisse est sanglant.

XLVII

MON HISTOIRE

Note de l'éditeur. — On n'a pu encore retrouver les feuillets qui se rattachaient à celui-ci. Peut-être, comme ceux qui suivent semblent l'indiquer, le condamné n'a-t-il pas eu le temps de les écrire. Il était tard quand cette pensée lui est venue.

XLVIII

D'une chambre de l'hôtel de ville.

De l'hôtel de ville!... — Ainsi j'y suis. Le trajet exécrable est fait. La place est là, et au-dessous de la fenêtre l'horrible peuple qui aboie, et m'attend, et rit.

J'ai eu beau me roidir, beau me crisper, le cœur m'a failli. Quand j'ai vu au-dessus des têtes ces deux bras rouges avec leur triangle noir au bout, dressés entre les deux lanternes du quai, le cœur m'a failli. J'ai demandé à faire une dernière déclaration. On m'a déposé ici, et l'on est allé chercher quelque procureur du roi. Je l'attends, c'est toujours cela de gagné.

Voici.

Trois heures sonnaient, on est venu m'avertir qu'il était temps. J'ai tremblé, comme si j'eusse pensé à autre chose depuis six heures, depuis six semaines, depuis six mois. Cela m'a fait l'effet de quelque chose d'inattendu.

Ils m'ont fait traverser leurs corridors et descendre leurs escaliers. Ils m'ont poussé entre deux guichets du rez-de-chaussée, salle sombre, étroite, voûtée, à peine éclairée d'un jour de pluie et de brouillard. Une chaise était au milieu.

Ils m'ont dit de m'asseoir ; je me suis assis.

Il y avait près de la porte et le long des murs quelques personnes debout, outre le prêtre et les gendarmes, et il y avait aussi trois hommes.

Le premier, le plus grand, le plus vieux, était gras et avait la face rouge. Il portait une redingote et un chapeau à trois cornes déformé.

C'était lui.

C'était le bourreau, le valet de la guillotine. Les deux autres étaient ses valets, à lui.

A peine assis, les deux autres se sont approchés de moi, par derrière, comme des chats ; puis tout à coup j'ai senti un froid d'acier dans mes cheveux, et les ciseaux ont grincé à mes oreilles.

Mes cheveux, coupés au hasard, tombaient par mèches sur mes épaules, et l'homme au chapeau à trois cornes les époussetait doucement avec sa grosse main.

Autour, on parlait à voix basse.

Il y avait un grand bruit au dehors, comme un frémissement qui ondulait dans l'air. J'ai cru d'abord que c'était la rivière ; mais, à des rires qui éclataient, j'ai reconnu que c'était la foule.

Un jeune homme, près de la fenêtre, qui écrivait, avec un crayon, sur un portefeuille, a demandé à un des guichetiers comment s'appelait ce qu'on faisait là.

— La toilette du condamné, a répondu l'autre.

J'ai compris que cela serait demain dans le journal.

Tout à coup l'un des valets m'a enlevé ma veste, et l'autre a pris mes deux mains qui pendaient, les a ramenées derrière mon dos, et j'ai senti les nœuds d'une corde se rouler lentement autour de mes poignets rapprochés. En même temps, l'autre détachait ma cravate. Ma chemise de batiste, seul lambeau qui me restât du moi d'autrefois, l'a fait en quelque sorte hésiter un moment ; puis il s'est mis à en couper le col.

A cette précaution horrible, au saisissement de l'acier qui touchait mon cou, mes coudes ont tressailli, et j'ai laissé échapper un rugissement étouffé.

La main de l'exécuteur a tremblé.

— Monsieur, m'a-t-il dit, pardon ! Est-ce que je vous ai fait mal ?

Ces bourreaux sont des hommes très doux.

La foule hurlait plus haut au dehors.

Le gros homme au visage bourgeonné m'a offert à respirer un mouchoir imbibé de vinaigre.

— Merci, lui ai-je dit de la voix la plus forte que j'ai pu, c'est inutile ; je me trouve bien.

Alors l'un d'eux s'est baissé et m'a lié les deux pieds, au moyen d'une corde fine et lâche, qui ne me laissait à faire que de petits pas. Cette corde est venue se rattacher à celle de mes mains.

Puis le gros homme a jeté la veste sur mon dos, et a noué les manches ensemble sous mon menton. Ce qu'il y avait à faire là était fait.

Alors le prêtre s'est approché avec son crucifix.

— Allons, mon fils, m'a-t-il dit.

Les valets m'ont pris sous les aisselles. Je me suis levé, j'ai marché. Mes pas étaient mous et fléchissaient comme si j'avais eu deux genoux à chaque jambe.

En ce moment la porte extérieure s'est ouverte à deux battants. Une clameur furieuse et l'air froid et la lumière blanche ont fait irruption jusqu'à moi dans l'ombre.

Du fond du sombre guichet, j'ai vu brusquement tout à la fois, à travers la pluie, les mille têtes hurlantes du peuple entassées pêle-mêle sur la rampe du grand escalier du Palais ; à droite, de plain-pied avec le seuil, un rang de chevaux de gendarmes, dont la porte basse

ne me découvrait que les pieds de devant et les poitrails ; en face, un détachement de soldats en bataille ; à gauche, l'arrière d'une charrette, auquel s'appuyait une roide échelle. Tableau hideux, bien encadré dans une porte de prison.

C'est pour ce moment redouté que j'avais gardé mon courage. J'ai fait trois pas, et j'ai paru sur le seuil du guichet.

— Le voilà ! le voilà ! a crié la foule. Il sort ! enfin !

Et les plus près de moi battaient des mains. Si fort qu'on aime un roi, ce serait moins de fête.

C'était une charrette ordinaire, avec un cheval étique, et un

charretier en sarrau bleu à dessins rouges, comme ceux des maraîchers des environs de Bicêtre.

Le gros homme en chapeau à trois cornes est monté le premier.

— Bonjour, monsieur Samson! criaient des enfants pendus à des
grilles.

Un valet l'a suivi.

— Bravo, Mardi! ont crié de nouveau les enfants.

Ils se sont assis tous deux sur la banquette de devant.

C'était mon tour. J'ai monté d'une allure assez ferme.

— Il va bien! a dit une femme à côté des gendarmes.

Cet atroce éloge m'a donné du courage. Le prêtre est venu se
placer auprès de moi.

On m'avait assis sur la banquette de derrière, le dos tourné au
cheval. J'ai frémi de cette dernière attention.

Ils mettent de l'humanité là dedans.

J'ai voulu regarder autour de moi. Gendarmes devant, gendarmes derrière ; puis de la foule, de la foule, et de la foule ; une mer
de têtes sur la place.

Un piquet de gendarmerie à cheval m'attendait à la porte de la
grille du Palais.

L'officier a donné l'ordre. La charrette et son cortége se sont
mis en mouvement, comme poussés en avant par un hurlement de la
populace.

On a franchi la grille. Au moment où la charrette a tourné vers
le Pont-au-Change, la place a éclaté en bruit, du pavé aux toits, et les
ponts et les quais ont répondu à faire un tremblement de terre.

C'est là que le piquet qui attendait s'est rallié à l'escorte.

— Chapeaux bas! chapeaux bas! criaient mille bouches ensemble.
— Comme pour le roi.

Alors j'ai ri horriblement aussi, moi, et j'ai dit au prêtre :

— Eux les chapeaux, moi la tête.

On allait au pas.

Le quai aux Fleurs embaumait; c'est jour de marché. Les marchandes ont quitté leurs bouquets pour moi.

Vis-à-vis, un peu avant la tour carrée qui fait le coin du Palais,
il y a des cabarets dont les entresols étaient pleins de spectateurs heureux de leurs belles places, surtout des femmes. La journée doit être
bonne pour les cabaretiers.

On louait des tables, des chaises, des échafaudages, des charrettes. Tout pliait de spectateurs. Des marchands de sang humain criaient à tue-tête :

— Qui veut des places ?

Une rage m'a pris contre ce peuple. J'ai eu envie de leur crier :

— Qui veut la mienne ?

Cependant la charrette avançait. A chaque pas qu'elle faisait, la foule se démolissait derrière elle, et je la voyais de mes yeux égarés qui s'allait reformer plus loin sur d'autres points de mon passage.

En entrant sur le Pont-au-Change, j'ai par hasard jeté les yeux à ma droite en arrière. Mon regard s'est arrêté sur l'autre quai, au-dessus des maisons, à une tour noire, isolée, hérissée de sculptures, au sommet de laquelle je voyais deux monstres de pierre assis de profil. Je ne sais pourquoi j'ai demandé au prêtre ce que c'était que cette tour.

— Saint-Jacques-la-Boucherie, a répondu le bourreau.

J'ignore comment cela se faisait ; dans la brume, et malgré la pluie fine et blanche qui rayait l'air comme un réseau de fils d'araignée, rien de ce qui se passait autour de moi ne m'a échappé. Chacun de ces détails m'apportait sa torture. Les mots manquent aux émotions.

Vers le milieu de ce Pont-au-Change, si large et si encombré que nous cheminions à grand'peine, l'horreur m'a pris violemment. J'ai craint de défaillir, dernière vanité ! Alors je me suis étourdi moi-même pour être aveugle et pour être sourd à tout, excepté au prêtre, dont j'entendais à peine les paroles, entrecoupées de rumeurs.

J'ai pris le crucifix et je l'ai baisé.

— Ayez pitié de moi, ai-je dit, ô mon Dieu ! — Et j'ai tâché de m'abîmer dans cette pensée.

Mais chaque cahot de la dure charrette me secouait. Puis tout à coup je me suis senti un grand froid. La pluie avait traversé mes vêtements et mouillait la peau de ma tête à travers mes cheveux coupés et courts.

— Vous tremblez de froid, mon fils ? m'a demandé le prêtre.

— Oui, ai-je répondu.

Hélas ! pas seulement de froid.

Au détour du pont, des femmes m'ont plaint d'être si jeune.

Nous avons pris le fatal quai. Je commençais à ne plus voir, à ne plus entendre. Toutes ces voix, toutes ces têtes aux fenêtres, aux portes, aux grilles des boutiques, aux branches des lanternes ; ces spectateurs avides et cruels ; cette foule où tous me connaissent et où je ne connais personne ; cette route pavée et murée de visages humains... J'étais ivre, stupide, insensé. C'est une chose insupportable que le poids de tant de regards appuyés sur vous.

Je vacillais donc sur le banc, ne prêtant même plus d'attention au prêtre et au crucifix.

Dans le tumulte qui m'enveloppait, je ne distinguais plus les cris de pitié des cris de joie, les rires des plaintes, les voix du bruit ; tout cela était une rumeur qui résonnait dans ma tête comme dans un écho de cuivre.

Mes yeux lisaient machinalement les enseignes des boutiques.

Une fois l'étrange curiosité me prit de tourner la tête et de regarder vers quoi j'avançais. C'était une dernière bravade de l'intelligence. Mais le corps ne voulut pas ; ma nuque resta paralysée et d'avance comme morte.

J'entrevis seulement de côté, à ma gauche, au delà de la rivière, la tour de Notre-Dame, qui, vue de là, cache l'autre. C'est celle où est le drapeau. Il y avait beaucoup de monde, et qui devait bien voir.

Et la charrette allait, allait, et les boutiques passaient, et les enseignes se succédaient, écrites, peintes, dorées, et la populace riait et trépignait dans la boue, et je me laissais aller, comme à leurs rêves ceux qui sont endormis.

Tout à coup la série des boutiques qui occupait mes yeux s'est coupée à l'angle d'une place ; la voix de la foule est devenue plus vaste, plus glapissante, plus joyeuse encore ; la charrette s'est arrêtée subitement, et j'ai failli tomber la face sur les planches. Le prêtre m'a soutenu. — Courage ! a-t-il murmuré. — Alors on a apporté une échelle à l'arrière de la charrette ; il m'a donné le bras, je suis descendu, puis j'ai fait un pas, puis je me suis retourné pour en faire un autre, et je n'ai pu. Entre les deux lanternes du quai j'avais vu une chose sinistre.

Oh ! c'était la réalité !

Je me suis arrêté, comme chancelant déjà du coup.

— J'ai une dernière déclaration à faire ! ai-je crié faiblement.

On m'a monté ici.

J'ai demandé qu'on me laissât écrire mes dernières volontés. Ils m'ont délié les mains, mais la corde est ici, toute prête, et le reste est en bas.

XLIX

Un juge, un commissaire, un magistrat, je ne sais de quelle espèce, vient de venir.

Je lui ai demandé ma grâce en joignant les deux mains et en me traînant sur les deux genoux.

Il m'a répondu, en souriant fatalement, si c'est là tout ce que j'avais à lui dire.

— Ma grâce! ma grâce! ai-je répété, ou, par pitié, cinq minutes encore!

Qui sait? elle viendra peut-être! Cela est si horrible, à mon âge, de mourir ainsi! Des grâces qui arrivent au dernier moment, on l'a vu souvent. Et à qui fera-t-on grâce, monsieur, si ce n'est à moi?

Cet exécrable bourreau! il s'est approché du juge pour lui dire que l'exécution devait être faite à une certaine heure, que cette heure approchait, qu'il était responsable, que d'ailleurs il pleut et que cela risque de se rouiller.

— Eh! par pitié! une minute pour attendre ma grâce! ou je me défends, je mords!

Le juge et le bourreau sont sortis. Je suis seul. — Seul avec deux gendarmes.

Oh! l'horrible peuple avec ses cris d'hyène! — Qui sait si je ne lui échapperai pas? si je ne serai pas sauvé? si ma grâce?... Il est impossible qu'on ne me fasse pas grâce!

Ah! les misérables! il me semble qu'on monte l'escalier...

QUATRE HEURES

NOTE

Nous donnons ci-après, pour les personnes curieuses de cette sorte de littérature, la chanson d'argot avec l'explication en regard, d'après une copie que nous avons trouvée dans les papiers du condamné, et dont ce fac-simile reproduit tout, orthographe et écriture. La signification des mots était écrite de la main du condamné ; il y a aussi dans le dernier couplet deux vers intercalés qui semblent de son écriture ; le reste de la complainte est d'une autre main. Il est probable que, frappé de cette chanson, mais ne se la rappelant qu'imparfaitement, il avait cherché à se la procurer, et que copie lui en avait été donnée par quelque calligraphe de la geôle.

La seule chose que ce fac-simile ne reproduise pas, c'est l'aspect du papier de la copie, qui est jaune, sordide et rompu à ses plis.

C'est dans la rue du mail
me j'ai été coltigé(1) malure
pour bons coquin de rail(2) lirlonfa malurette
Sue mes piques ont forcé(3) lirlonfa maluré

il mon mit la tartouse(4) lirlonfa malurette   (4) les menottes
quand mendon est aboulé(5) lirlonfa maluré   (5) le mouchard est arrivé
dans mon tri sur(6) rencontre lirlonfa malurette   (6) chemin
un peigre(7) du chtier lirlonfa maluré   (7) voleur

raten d'ire ré ma largue(8) lirlonfa malurette(8)   (8) ma femme
que ge suis enfourraillé(9) lir lon fa maluré(9)   (9) emprisonné
ma largue tout en colère lirlonfamalurette
m'dire qu'à tu donc morfallé(10) lirlonfa maluré   (10) qu'as tu donc fais?

[illegible line crossed out]
son faubeng et sa toquante(13) lirlonfamalurette   (13) sa montre
et les attaches de ses(14) lirlonfamaluré   (14) ses boucles de souliers

ma largue part pour Versaille lirlonfa malurette
au pieds de sa majesté lirlonfa maluré
elle lui fonce en babillard(15) lir lonfa malurette   (15) elle lui présente un placeu
pour me faire défourrailler lirlonfamaluré

et si j'en défourail lirlon fa malarette
ma largue j'entiferé(16) lirlonfa ma luré   (16) je passerai, j'attiferai
j'li feré porte fenianye lir lonfa malurette
et des souliers galoché(17) lirlonfa maluré   (17) à galoche
très grand dire(18) qui s'fiche lirlon malurey
si par mon costaque(19) lirlon fa maluré
j'li feré d'enfé une dame lirlonfa malurette   (18) le Roi
on til ny à par des planché lirlon fa maluré   (19) ma courtine [illegible] trafs

(1) empoigne
(2) archers, chiens, gendarmes
(3) ils se sont jettés sur moi

CLAUDE GUEUX

NOTE DE LA PREMIÈRE ÉDITION

La lettre ci-dessous, dont l'original est déposé aux bureaux de la *Revue de Paris**, fait trop d'honneur à son auteur pour que nous ne la reproduisions pas ici. Elle est désormais liée à toutes les réimpressions de *Claude Gueux*.

« Dunkerque, le 30 juillet 1834.

« Monsieur le directeur de la *Revue de Paris,*

« *Claude Gueux,* de Victor Hugo, par vous inséré dans votre livraison du 6 courant, est une grande leçon; aidez-moi, je vous prie, à la faire profiter.

« Rendez-moi, je vous prie, le service d'en faire tirer à mes frais autant d'exemplaires qu'il y a de députés en France, et de les leur adresser individuellement et bien exactement.

« J'ai l'honneur de vous saluer.

« CHARLES CARLIER,
« Négociant. »

* *Claude Gueux* a paru d'abord dans la *Revue de Paris.*

CLAUDE GUEUX

Il y a sept ou huit ans, un homme nommé Claude Gueux, pauvre ouvrier, vivait à Paris. Il avait avec lui une fille qui était sa maîtresse, et un enfant de cette fille. Je dis les choses comme elles sont, laissant le lecteur ramasser les moralités à mesure que les faits les sèment sur leur chemin. L'ouvrier était capable, habile, intelligent, fort maltraité par l'éducation, fort bien traité par la nature, ne sachant pas lire et sachant penser. Un hiver, l'ouvrage manqua. Pas de feu ni de pain dans le galetas. L'homme, la fille et l'enfant eurent froid et faim. L'homme vola. Je ne sais ce qu'il vola, je ne sais où il vola. Ce que je sais, c'est que de ce vol il résulta trois jours de pain et de feu pour la femme et pour l'enfant, et cinq ans de prison pour l'homme.

L'homme fut envoyé faire son temps à la maison centrale de Clairvaux. Clairvaux, abbaye dont on a fait une bastille, cellule dont on a fait un cabanon, autel dont on a fait un pilori. Quand nous parlons de progrès, c'est ainsi que certaines gens le comprennent et l'exécutent. Voilà la chose qu'ils mettent sous notre mot.

Poursuivons.

Arrivé là, on le mit dans un cachot pour la nuit, et dans un atelier pour le jour. Ce n'est pas l'atelier que je blâme.

Claude Gueux, honnête ouvrier naguère, voleur désormais, était une figure digne et grave. Il avait le front haut, déjà ridé quoique

12

jeune encore, quelques cheveux gris perdus dans les touffes noires, l'œil doux et fort puissamment enfoncé sous une arcade sourcilière bien modelée, les narines ouvertes, le menton avancé, la lèvre dédaigneuse. C'était une belle tête. On va voir ce que la société en a fait.

Il avait la parole rare, le geste peu fréquent, quelque chose d'impérieux dans toute sa personne et qui se faisait obéir, l'air pensif, sérieux plutôt que souffrant. Il avait pourtant bien souffert.

Dans le dépôt où Claude Gueux était enfermé, il y avait un directeur des ateliers, espèce de fonctionnaire propre aux prisons, qui tient tout ensemble du guichetier et du marchand, qui fait en même temps une commande à l'ouvrier et une menace au prisonnier, qui vous met l'outil aux mains et les fers aux pieds. Celui-là était lui-même une variété de l'espèce, un homme bref, tyrannique, obéissant à ses idées, toujours à courte bride sur son autorité ; d'ailleurs, dans l'occasion, bon compagnon, bon prince, jovial même et raillant avec grâce ; dur plutôt que ferme ; ne raisonnant avec personne, pas même avec lui ; bon père, bon mari sans doute, ce qui est devoir et non vertu ; en un mot, pas méchant, mauvais. C'était un de ces hommes qui n'ont rien de vibrant ni d'élastique, qui sont composés de molécules inertes, qui ne résonnent au choc d'aucune idée, au contact d'aucun sentiment, qui ont des colères glacées, des haines mornes, des emportements sans émotion, qui prennent feu sans s'échauffer, dont la capacité de calorique est nulle, et qu'on dirait souvent faits de bois ; ils flambent par un bout et sont froids par l'autre. La ligne principale, la ligne diagonale du caractère de cet homme, c'était la ténacité. Il était fier d'être tenace, et se comparait à Napoléon. Ceci n'est qu'une illusion d'optique. Il y a nombre de gens qui en sont dupes et qui, à certaine distance, prennent la ténacité pour de la volonté, et une chandelle pour une étoile. Quand cet homme donc avait une fois ajusté ce qu'il appelait *sa volonté* à une chose absurde, il allait tête haute et à travers toute broussaille jusqu'au bout de la chose absurde. L'entêtement sans l'intelligence, c'est la sottise soudée au bout de la bêtise et lui servant de rallonge. Cela va loin. En général, quand une catastrophe privée ou publique s'est écroulée sur nous, si nous examinons, d'après les décombres qui en gisent à terre, de quelle façon elle s'est échafaudée, nous trouvons presque toujours qu'elle a été aveuglément construite par un homme médiocre et

obstiné qui avait foi en lui et qui s'admirait. Il y a par le monde beaucoup de ces petites fatalités têtues qui se croient des providences.

Voilà donc ce que c'était que le directeur des ateliers de la prison centrale de Clairvaux. Voilà de quoi était fait le briquet avec lequel la société frappait chaque jour sur les prisonniers pour en tirer des étincelles.

L'étincelle que de pareils briquets arrachent à de pareils cailloux allume souvent des incendies.

Nous avons dit qu'une fois arrivé à Clairvaux, Claude Gueux fut numéroté dans un atelier et rivé à une besogne. Le directeur de l'atelier fit connaissance avec lui, le reconnut bon ouvrier, et le traita bien. Il paraît même qu'un jour, étant de bonne humeur, et voyant Claude Gueux fort triste, car cet homme pensait toujours à celle qu'il

appelait *sa femme*, il lui conta, par manière de jovialité et de passe-
temps, et aussi pour le consoler, que cette malheureuse s'était faite
fille publique. Claude demanda froidement ce qu'était devenu l'enfant. On ne savait.

Au bout de quelques mois, Claude s'acclimata à l'air de la prison et parut ne plus songer à rien. Une certaine sérénité sévère,
propre à son caractère, avait repris le dessus.

Au bout du même espace de temps à peu près, Claude avait
acquis un ascendant singulier sur tous ses compagnons. Comme par
une sorte de convention tacite, et sans que personne sût pourquoi,
pas même lui, tous ces hommes le consultaient, l'écoutaient, l'admi-
raient et l'imitaient, ce qui est le dernier degré ascendant de l'admira-
tion. Ce n'était pas une médiocre gloire d'être obéi par toutes ces na-
tures désobéissantes. Cet empire lui était venu sans qu'il y songeât.
Cela tenait au regard qu'il avait dans les yeux. L'œil de l'homme est
une fenêtre par laquelle on voit les pensées qui vont et viennent dans
sa tête.

·   Mettez un homme qui contient des idées parmi des hommes qui
n'en contiennent pas, au bout d'un temps donné, et par une loi d'attraction irrésistible, tous les cerveaux ténébreux graviteront humble-
ment et avec adoration autour du cerveau rayonnant. Il y a des
hommes qui sont fer et des hommes qui sont aimant. Claude était
aimant.

En moins de trois mois donc, Claude était devenu l'âme, la loi et
l'ordre de l'atelier. Toutes ces aiguilles tournaient sur son cadran. Il
devait douter lui-même par moments s'il était roi ou prisonnier. C'é-
tait une sorte de pape captif avec ses cardinaux.

Et, par une réaction toute naturelle, dont l'effet s'accomplit sur
toutes les échelles, aimé des prisonniers, il était détesté des geôliers.
Cela est toujours ainsi. La popularité ne va jamais sans la défaveur.
L'amour des esclaves est toujours doublé de la haine des maîtres.

Claude Gueux était grand mangeur. C'était une particularité de
son organisation. Il avait l'estomac fait de telle sorte que la nourriture
de deux hommes ordinaires suffisait à peine à sa journée. M. de Cota-
dilla avait un de ces appétits-là, et en riait; mais ce qui est une occasion de gaîté pour un duc, grand d'Espagne, qui a cinq cent mille
moutons, est une charge pour un ouvrier et un malheur pour un prisonnier.

Claude Gueux, libre dans son grenier, travaillait tout le jour, ga-
gnait son pain de quatre livres et le mangeait. Claude Gueux, en
prison, travaillait tout le jour et recevait invariablement pour sa peine
une livre et demie de pain et quatre onces de viande. La ration est
inexorable. Claude avait donc habituellement faim dans la prison de
Clairvaux.

Il avait faim, et c'était tout. Il n'en parlait pas. C'était sa nature
ainsi.

Un jour, Claude venait de dévorer sa maigre pitance, et s'était
remis à son métier, croyant tromper la faim par le travail. Les autres
prisonniers mangeaient joyeusement. Un jeune homme, pâle, blanc,
faible, vint se placer près de lui. Il tenait à la main sa ration, à laquelle
il n'avait pas encore touché, et un couteau. Il restait là debout, près
de Claude, ayant l'air de vouloir parler et de ne pas oser. Cet homme,
et son pain, et sa viande, importunaient Claude.

— Que veux-tu? dit-il enfin brusquement.

— Que tu me rendes un service, dit timidement le jeune homme.

— Quoi? reprit Claude.

— Que tu m'aides à manger cela. J'en ai trop.

Une larme roula dans l'œil hautain de Claude. Il prit le couteau,
partagea la ration du jeune homme en deux parts égales, en prit une,
et se mit à manger.

— Merci, dit le jeune homme. Si tu veux, nous partagerons
comme cela tous les jours.

— Comment t'appelles-tu? dit Claude Gueux.

— Albin.

— Pourquoi es-tu ici? reprit Claude.

— J'ai volé.

— Et moi aussi, dit Claude.

Ils partagèrent en effet de la sorte tous les jours. Claude Gueux
avait trente-six ans, et par moments il en paraissait cinquante, tant sa
pensée habituelle était sévère. Albin avait vingt ans, on lui en eût
donné dix-sept, tant il y avait encore d'innocence dans le regard de ce
voleur. Une étroite amitié se noua entre ces deux hommes, amitié de
père à fils plutôt que de frère à frère. Albin était encore presque un
enfant ; Claude était déjà presque un vieillard.

Ils travaillaient dans le même atelier, ils couchaient sous la même
clef de voûte, ils se promenaient dans le même préau, ils mordaient

au même pain. Chacun des deux amis était l'univers pour l'autre.
Il paraît qu'ils étaient heureux.

Nous avons déjà parlé du directeur des ateliers. Cet homme, haï
des prisonniers, était souvent obligé, pour se faire obéir d'eux, d'avoir
recours à Claude Gueux, qui en était aimé. Dans plus d'une occasion,
lorsqu'il s'était agi d'empêcher une rébellion ou un tumulte, l'autorité
sans titre de Claude Gueux avait prêté main-forte à l'autorité officielle
du directeur. En effet, pour contenir les prisonniers, dix paroles de
Claude valaient dix gendarmes. Claude avait maintes fois rendu ce service au directeur. Aussi le directeur le détestait-il cordialement. Il
était jaloux de ce voleur. Il avait au fond du cœur une haine secrète,
envieuse, implacable, contre Claude, une haine de souverain de droit à
souverain de fait, de pouvoir temporel à pouvoir spirituel.

Ces haines-là sont les pires.

Claude aimait beaucoup Albin, et ne songeait pas au directeur.

Un jour, un matin, au moment où les porte-clefs transvasaient les
prisonniers deux à deux du dortoir dans l'atelier, un guichetier appela
Albin, qui était à côté de Claude, et le prévint que le directeur le demandait.

— Que te veut-on ? dit Claude.

— Je ne sais pas, dit Albin.

Le guichetier emmena Albin.

La matinée se passa, Albin ne revint pas à l'atelier. Quand arriva
l'heure du repas, Claude pensa qu'il retrouverait Albin au préau. Albin
n'était pas au préau. On rentra dans l'atelier, Albin ne reparut pas dans
l'atelier. La journée s'écoula ainsi. Le soir, quand on ramena les prisonniers dans leur dortoir, Claude y chercha des yeux Albin, et ne le
vit pas. Il paraît qu'il souffrait beaucoup dans ce moment-là, car il
adressa la parole à un guichetier, ce qu'il ne faisait jamais.

— Est-ce qu'Albin est malade ? dit-il.

— Non, répondit le guichetier.

— D'où vient donc, reprit Claude, qu'il n'a pas reparu aujour-
d'hui ?

— Ah ! dit négligemment le porte-clefs, c'est qu'on l'a changé de
quartier.

Les témoins qui ont déposé de ces faits plus tard remarquèrent
qu'à cette réponse du guichetier la main de Claude, qui portait une
chandelle allumée, trembla légèrement. Il reprit avec calme :

— Qui a donné cet ordre-là?

Le guichetier répondit :

— M. D.

Le directeur des ateliers s'appelait M. D.

La journée du lendemain se passa comme la journée précédente, sans Albin.

Le soir, à l'heure de la clôture des travaux, le directeur, M. D., vint faire sa ronde habituelle dans l'atelier. Du plus loin que Claude le vit, il ôta son bonnet de grosse laine, il boutonna sa veste grise, triste livrée de Clairvaux, car il est de principe dans les prisons qu'une veste respectueusement boutonnée prévient favorablement les supérieurs, et il se tint debout et son bonnet à la main à l'entrée de son banc, attendant le passage du directeur. Le directeur passa.

— Monsieur! dit Claude.

Le directeur s'arrêta et se détourna à demi.

— Monsieur, reprit Claude, est-ce que c'est vrai qu'on a changé Albin de quartier?

— Oui, répondit le directeur.

— Monsieur, poursuivit Claude, j'ai besoin d'Albin pour vivre.

Il ajouta :

— Vous savez que je n'ai pas assez de quoi manger avec la ration de la maison, et qu'Albin partageait son pain avec moi.

— C'était son affaire, dit le directeur.

— Monsieur, est-ce qu'il n'y aurait pas moyen de faire remettre Albin dans le même quartier que moi?

— Impossible. Il y a décision prise.

— Par qui?

— Par moi.

— Monsieur D., reprit Claude, c'est la vie ou la mort pour moi, et cela dépend de vous.

— Je ne reviens jamais sur mes décisions.

— Monsieur, est-ce que je vous ai fait quelque chose?

— Rien.

— En ce cas, dit Claude, pourquoi me séparez-vous d'Albin?

— Parce que, dit le directeur.

Cette explication donnée, le directeur passa outre.

Claude baissa la tête et ne répliqua pas. Pauvre lion en cage à qui l'on ôtait son chien!

Nous sommes forcé de dire que le chagrin de cette séparation n'altéra en rien la voracité en quelque sorte maladive du prisonnier. Rien d'ailleurs ne parut sensiblement changé en lui. Il ne parlait d'Albin à aucun de ses camarades. Il se promenait seul dans le préau aux heures de récréation, et il avait faim. Rien de plus.

Cependant ceux qui le connaissaient bien remarquaient quelque chose de sinistre et de sombre qui s'épaississait chaque jour de plus en plus sur son visage. Du reste, il était plus doux que jamais.

Plusieurs voulurent partager leur ration avec lui, il refusa en souriant.

Tous les soirs, depuis l'explication que lui avait donnée le directeur, il faisait une espèce de chose folle qui étonnait de la part d'un homme aussi sérieux. Au moment où le directeur, ramené à heure fixe par sa tournée habituelle, passait devant le métier de Claude, Claude levait les yeux et le regardait fixement, puis il lui adressait d'un ton plein d'angoisse et de colère, qui tenait à la fois de la prière et de la menace, ces deux mots seulement : *Et Albin ?* Le directeur faisait semblant de ne pas entendre ou s'éloignait en haussant les épaules.

Cet homme avait tort de hausser les épaules, car il était évident pour tous les spectateurs de ces scènes étranges que Claude Gueux était intérieurement déterminé à quelque chose. Toute la prison attendait avec anxiété quel serait le résultat de cette lutte entre une ténacité et une résolution.

Il a été constaté qu'une fois entre autres Claude dit au directeur :

— Écoutez, monsieur, rendez-moi mon camarade. Vous ferez bien, je vous assure. Remarquez que je vous dis cela.

Une autre fois, un dimanche, comme il se tenait dans le préau, assis sur une pierre, les coudes sur les genoux et son front dans ses mains, immobile depuis plusieurs heures dans la même attitude, le condamné Faillette s'approcha de lui, et lui cria en riant :

— Que diable fais-tu donc là, Claude ?

Claude leva lentement sa tête sévère, et dit :

— *Je juge quelqu'un.*

Un soir enfin, le 25 octobre 1831, au moment où le directeur faisait sa ronde, Claude brisa sous son pied avec bruit un verre de montre qu'il avait trouvé le matin dans un corridor. Le directeur demanda d'où venait ce bruit.

— Ce n'est rien, dit Claude, c'est moi. Monsieur le directeur, rendez-moi mon camarade.

—Impossible, dit le maître.

— Il le faut pourtant, dit Claude d'une voix basse et ferme ; et, regardant le directeur en face, il ajouta :

— Réfléchissez. Nous sommes aujourd'hui le 25 octobre. Je vous donne jusqu'au 4 novembre.

Un guichetier fit remarquer à M. D. que Claude le menaçait, et que c'était un cas de cachot.

— Non, point de cachot, dit le directeur avec un sourire dédaigneux ; il faut être bon avec ces gens-là !

Le lendemain, le condamné Pernot aborda Claude, qui se promenait seul et pensif, laissant les autres prisonniers s'ébattre dans un petit carré de soleil à l'autre bout de la cour.

— Eh bien! Claude, à quoi songes-tu? tu parais triste.

— *Je crains*, dit Claude, *qu'il n'arrive bientôt quelque malheur à ce bon M. D.*

Il y a neuf jours pleins du 25 octobre au 4 novembre. Claude n'en laissa pas passer un sans avertir gravement le directeur de l'état de plus en plus douloureux où le mettait la disparition d'Albin. Le directeur, fatigué, lui infligea une fois vingt-quatre heures de cachot, parce que la prière ressemblait trop à une sommation. Voilà tout ce que Claude obtint.

Le 4 novembre arriva. Ce jour-là, Claude s'éveilla avec un visage serein qu'on ne lui avait pas encore vu depuis le jour où la *décision* de M. D. l'avait séparé de son ami. En se levant, il fouilla dans une espèce de caisse de bois blanc qui était au pied de son lit, et qui contenait ses quelques guenilles. Il en tira une paire de ciseaux de couturière.

C'était, avec un volume dépareillé de l'*Emile*, la seule chose qui lui restât de la femme qu'il avait aimée, de la mère de son enfant, de son heureux petit ménage d'autrefois. Deux meubles bien inutiles pour Claude ; les ciseaux ne pouvaient servir qu'à une femme, le livre qu'à un lettré. Claude ne savait ni coudre ni lire.

Au moment où il traversait le vieux cloître déshonoré et blanchi à la chaux qui sert de promenoir l'hiver, il s'approcha du condamné Ferrari, qui regardait avec attention les énormes barreaux d'une croisée.

13

Claude tenait à la main la petite paire de ciseaux ; il la montra à Ferrari en disant :

— Ce soir je couperai ces barreaux-ci avec ces ciseaux-là.

Ferrari, incrédule, se mit à rire, et Claude aussi.

Ce matin-là, il travailla avec plus d'ardeur qu'à l'ordinaire ; jamais il n'avait fait si vite et si bien. Il parut attacher un certain prix à terminer dans la matinée un chapeau de paille que lui avait payé d'avance un honnête bourgeois de Troyes, M. Bressier.

Un peu avant midi, il descendit sous un prétexte à l'atelier des menuisiers, situé au rez-de-chaussée, au-dessous de l'étage où il travaillait. Claude était aimé là comme ailleurs, mais il y entrait rarement. Aussi :

— Tiens ! voilà Claude !

On l'entoura. Ce fut une fête. Claude jeta un coup d'œil rapide dans la salle.

Pas un des surveillants n'y était.

— Qui est-ce qui a une hache à me prêter ? dit-il.

— Pourquoi faire ? lui demanda-t-on.

Il répondit :

— C'est pour tuer ce soir le directeur des ateliers.

On lui présenta plusieurs haches à choisir. Il prit la plus petite, qui était fort tranchante, la cacha dans son pantalon, et sortit. Il y avait là vingt-sept prisonniers. Il ne leur avait pas recommandé le secret.

Tous le gardèrent.

Ils ne causèrent même pas de la chose entre eux.

Chacun attendit de son côté ce qui arriverait. L'affaire était terrible, droite et simple. Pas de complication possible. Claude ne pouvait être ni conseillé ni dénoncé.

Une heure après, il aborda un jeune condamné de seize ans qui bâillait dans le promenoir, et lui conseilla d'apprendre à lire. En ce moment, le détenu Faillette accosta Claude, et lui demanda ce que diable il cachait là dans son pantalon.

Claude dit :

— C'est une hache pour tuer M. D. ce soir.

Il ajouta :

— Est-ce que cela se voit ?

— Un peu, dit Faillette.

Le reste de la journée fut à l'ordinaire. A sept heures du soir, on renferma les prisonniers, chaque section dans l'atelier qui lui était assigné ; et les surveillants sortirent des salles de travail, comme il paraît que c'est l'habitude, pour ne rentrer qu'après la ronde du directeur.

Claude Gueux fut donc verrouillé comme les autres dans son atelier avec ses compagnons de métier.

Alors il se passa dans cet atelier une scène extraordinaire, une scène qui n'est ni sans majesté ni sans terreur, la seule de ce genre qu'aucune histoire puisse raconter.

Il y avait là, ainsi que l'a constaté l'instruction judiciaire qui a eu lieu depuis, quatre-vingt-deux voleurs, y compris Claude.

Une fois que les surveillants les eurent laissés seuls, Claude se leva debout sur son banc, et annonça à toute la chambrée qu'il avait quelque chose à dire. On fit silence.

Alors Claude haussa la voix et dit :

— Vous savez tous qu'Albin était mon frère. Je n'ai pas assez de ce qu'on me donne ici pour manger. Même en n'achetant que du pain avec le peu que je gagne, cela ne suffirait pas. Albin partageait sa ration avec moi ; je l'ai aimé d'abord parce qu'il m'a nourri, ensuite parce qu'il m'a aimé. Le directeur, M. D., nous a séparés. Cela ne lui faisait rien que nous fussions ensemble ; mais c'est un méchant homme qui jouit de tourmenter. Je lui ai redemandé Albin. Vous avez vu, il n'a pas voulu. Je lui ai donné jusqu'au 4 novembre pour me rendre Albin. Il m'a fait mettre au cachot pour avoir dit cela. Moi, pendant ce temps-là, je l'ai jugé et je l'ai condamné à mort*. Nous sommes au 4 novembre. Il viendra dans deux heures faire sa tournée. Je vous préviens que je vais le tuer. Avez-vous quelque chose à dire à cela ?

Tous gardèrent le silence.

Claude reprit. Il parla, à ce qu'il paraît, avec une éloquence singulière, qui d'ailleurs lui était naturelle. Il déclara qu'il savait bien qu'il allait faire une action violente, mais qu'il ne croyait pas avoir tort. Il attesta la conscience des quatrevingt-un voleurs qui l'écoutaient :

Qu'il était dans une rude extrémité ;

Que la nécessité de se faire justice soi-même était un cul-de-sac où l'on se trouvait engagé quelquefois ;

* Textuel.

Qu'à la vérité il ne pouvait prendre la vie du directeur sans donner la sienne propre, mais qu'il trouvait bon de donner sa vie pour une chose juste ;

Qu'il avait mûrement réfléchi, et à cela seulement, depuis deux mois ;

Qu'il croyait bien ne pas se laisser entraîner par le ressentiment, mais que, dans le cas où cela serait, il suppliait qu'on l'en avertît ;

Qu'il soumettait honnêtement ses raisons aux hommes justes qui l'écoutaient ;

Qu'il allait donc tuer M. D., mais que, si quelqu'un avait une objection à lui faire, il était prêt à l'écouter.

Une voix seulement s'éleva, et dit qu'avant de tuer le directeur, Claude devait essayer une dernière fois de lui parler et de le fléchir.

— C'est juste, dit Claude, et je le ferai.

Huit heures sonnèrent à la grande horloge. Le directeur devait venir à neuf heures.

Une fois que cette étrange cour de cassation eut en quelque sorte ratifié la sentence qu'il avait portée, Claude reprit toute sa sérénité. Il mit sur une table tout ce qu'il possédait en linge et en vêtements, la pauvre dépouille du prisonnier, et, appelant l'un après l'autre ceux de ses compagnons qu'il aimait le plus après Albin, il leur distribua tout.

Il ne garda que la petite paire de ciseaux.

Puis il les embrassa tous. Quelques-uns pleuraient, il souriait à ceux-là.

Il y eut, dans cette heure dernière, des instants où il causa avec tant de tranquillité et même de gaîté, que plusieurs de ses camarades espéraient intérieurement, comme ils l'ont déclaré depuis, qu'il abandonnerait peut-être sa résolution. Il s'amusa même une fois à éteindre une des rares chandelles qui éclairaient l'atelier avec le souffle de sa narine, car il avait de mauvaises habitudes d'éducation qui dérangeaient sa dignité naturelle plus souvent qu'il n'aurait fallu. Rien ne pouvait faire que cet ancien gamin des rues n'eût point par moments l'odeur du ruisseau de Paris.

Il aperçut un jeune condamné qui était pâle, qui le regardait avec des yeux fixes, et qui tremblait, sans doute dans l'attente de ce qu'il allait voir.

— Allons, du courage, jeune homme ! lui dit Claude doucement ce ne sera que l'affaire d'un instant.

Quand il eut distribué toutes ses hardes, fait tous ses adieux, serré toutes les mains, il interrompit quelques causeries inquiètes qui se faisaient çà et là dans les coins obscurs de l'atelier et il commanda qu'on se remît au travail.

Tous obéirent en silence.

L'atelier où ceci se passait était une salle oblongue, un long parallélogramme percé de fenêtres sur ses deux grands côtés, et de deux portes qui se regardaient à ses deux extrémités. Les métiers étaient rangés de chaque côté près des fenêtres, les bancs touchant le mur à angle droit, et l'espace resté libre entre les deux rangées de métiers formait une sorte de longue voie qui allait en ligne droite de l'une des portes à l'autre et traversait ainsi toute la salle. C'était cette longue voie, assez étroite, que le directeur avait à parcourir en faisant son inspection ; il devait entrer par la porte sud et ressortir par la porte nord, après avoir regardé les travailleurs à droite et à gauche. D'ordinaire il faisait ce trajet assez rapidement et sans s'arrêter.

Claude s'était replacé lui-même à son banc, et il s'était remis au travail, comme Jacques Clément se fût remis à la prière.

Tous attendaient. Le moment approchait. Tout à coup on entendit un coup de cloche.

Claude dit :

— C'est l'avant-quart.

Alors il se leva, traversa gravement une partie de la salle et alla s'accouder sur l'angle du premier métier à gauche, tout à côté de la porte d'entrée.

Son visage était parfaitement calme et bienveillant.

Neuf heures sonnèrent.

La porte s'ouvrit. Le directeur entra.

En ce moment-là, il se fit dans l'atelier un silence de statues.

Le directeur était seul comme d'habitude.

Il entra avec sa figure joviale, satisfaite et inexorable, ne vit pas Claude qui était debout à gauche de la porte, la main droite cachée dans son pantalon, et passa rapidement devant les premiers métiers, hochant la tête, mâchant ses paroles, et jetant çà et là son regard banal, sans s'apercevoir que tous les yeux qui l'entouraient étaient fixés sur une idée terrible.

Tout à coup il se détourna brusquement, surpris d'entendre un pas derrière lui.

C'était Claude qui le suivait en silence depuis quelques instants.

— Que fais-tu là, toi ? dit le directeur ; pourquoi n'es-tu pas à ta place ?

Car un homme n'est plus un homme là, c'est un chien, on le tutoie.

Claude Gueux répondit respectueusement :

— C'est que j'ai à vous parler, monsieur le directeur.

— De quoi ?

— D'Albin.

— Encore ? dit le directeur.

— Toujours ! dit Claude.

— Ah çà ! reprit le directeur continuant de marcher, tu n'as donc pas eu assez de vingt-quatre heures de cachot ?

Claude répondit en continuant de le suivre :

— Monsieur le directeur, rendez-moi mon camarade.

— Impossible !

— Monsieur le directeur, dit Claude avec une voix qui eût attendri le démon, je vous en supplie, remettez Albin avec moi, vous verrez comme je travaillerai bien. Vous qui êtes libre, cela vous est égal, vous ne savez pas ce que c'est qu'un ami ; mais, moi, je n'ai que les quatre murs de ma prison. Vous pouvez aller et venir, vous ; moi je n'ai qu'Albin. Rendez-le-moi. Albin me nourrissait, vous le savez bien. Cela ne vous coûterait que la peine de dire oui. Qu'est-ce que cela vous fait qu'il y ait dans la même salle un homme qui s'appelle Claude Gueux et un autre qui s'appelle Albin ? Car ce n'est pas plus compliqué que cela. Monsieur le directeur, mon bon monsieur D., je vous supplie vraiment, au nom du ciel !

Claude n'en avait peut-être jamais tant dit à la fois à un geôlier. Après cet effort, épuisé, il attendit. Le directeur répliqua avec un geste d'impatience :

— Impossible. C'est dit. Voyons, ne m'en reparle plus. Tu m'ennuies.

Et, comme il était pressé, il doubla le pas. Claude aussi. En parlant ainsi, ils étaient arrivés tous deux près de la porte de sortie ; les quatrevingts voleurs regardaient et écoutaient, haletants.

Claude toucha doucement le bras du directeur.

— Mais au moins que je sache pourquoi je suis condamné à mort. Dites-moi pourquoi vous l'avez séparé de moi.

— Je te l'ai déjà dit, répondit le directeur, parce que.

Et, tournant le dos à Claude, il avança la main vers le loquet de la porte de sortie.

A la réponse du directeur, Claude avait reculé d'un pas. Les quatrevingts statues qui étaient là virent sortir de son pantalon sa main droite avec la hache. Cette main se leva, et, avant que le directeur eût pu pousser un cri, trois coups de hache, chose affreuse à dire, assenés tous les trois dans la même entaille, lui avaient ouvert le crâne.

Au moment où il tombait à la renverse, un quatrième coup lui bala-
fra le visage; puis, comme une fureur lancée ne s'arrête pas court,
Claude Gueux lui fendit la cuisse droite d'un cinquième coup inutile.
Le directeur était mort.

Alors Claude jeta la hache et cria : *A l'autre maintenant!* L'autre,
c'était lui. On le vit tirer de sa veste les petits ciseaux de « sa femme »
et, sans que personne songeât à l'en empêcher, il se les enfonça dans
la poitrine. La lame était courte, la poitrine était profonde. Il y fouilla
longtemps et à plus de vingt reprises en criant : — Cœur de damné,
je ne te trouverai donc pas! — Et enfin il tomba baigné dans son sang,
évanoui sur le mort.

Lequel des deux était la victime de l'autre?

Quand Claude reprit connaissance, il était dans un lit, couvert de
linges et de bandages, entouré de soins. Il avait auprès de son chevet
de bonnes sœurs de charité, et de plus un juge d'instruction qui instru-
mentait et qui lui demanda avec beaucoup d'intérêt : — *Comment
vous trouvez-vous?*

Il avait perdu une grande quantité de sang, mais les ciseaux avec
lesquels il avait eu la superstition touchante de se frapper avaient mal
fait leur devoir; aucun des coups qu'il s'était portés n'était dangereux.
Il n'y avait de mortelles pour lui que les blessures qu'il avait faites
à M. D.

Les interrogatoires commencèrent. On lui demanda si c'était lui
qui avait tué le directeur des ateliers de la prison de Clairvaux. Il répondit : *Oui.* On lui demanda pourquoi. Il répondit : *Parce que.*

Cependant, à un certain moment, ses plaies s'envenimèrent; il fut
pris d'une fièvre mauvaise dont il faillit mourir.

Novembre, décembre, janvier et février se passèrent en soins et
en préparatifs ; médecins et juges s'empressaient autour de Claude ;
les uns guérissaient ses blessures, les autres dressaient son échafaud.

Abrégeons. Le 16 mars 1832, il parut, étant parfaitement guéri,
devant la cour d'assises de Troyes. Tout ce que la ville peut donner
de foule était là.

Claude eut une bonne attitude devant la cour. Il s'était fait raser
avec soin, il avait la tête nue, il portait ce morne habit des prisonniers
de Clairvaux, mi-parti de deux espèces de gris.

Le procureur du roi avait encombré la salle de toutes les bayon-
nettes de l'arrondissement, « afin, dit-il à l'audience, de contenir tous

les scélérats qui devaient figurer comme témoins dans cette affaire ».

Lorsqu'il fallut entamer les débats, il se présenta une difficulté singulière. Aucun des témoins des événements du 4 novembre ne voulait déposer contre Claude. Le président les menaça de son pouvoir discrétionnaire. Ce fut en vain. Claude alors leur commanda de déposer. Toutes les langues se délièrent. Ils dirent ce qu'ils avaient vu.

Claude les écoutait tous avec une profonde attention. Quand l'un d'eux, par oubli, ou par affection pour Claude, omettait des faits à la charge de l'accusé, Claude les rétablissait.

14

De témoignage en témoignage, la série des faits que nous venons de développer se déroula devant la cour.

Il y eut un moment où les femmes qui étaient là pleurèrent. L'huissier appela le condamné Albin. C'était son tour de déposer. Il entra en chancelant ; il sanglotait. Les gendarmes ne purent empêcher qu'il n'allât tomber dans les bras de Claude. Claude le soutint et dit en souriant au procureur du roi : — Voilà un scélérat qui partage son pain avec ceux qui ont faim. — Puis il baisa la main d'Albin.

La liste des témoins épuisée, M. le procureur du roi se leva et prit la parole en ces termes :

— Messieurs les jurés, la société serait ébranlée jusque dans ses fondements, si la vindicte publique n'atteignait pas les grands coupables comme celui qui, etc.

Après ce discours mémorable, l'avocat de Claude parla. La plaidoirie contre et la plaidoirie pour firent, chacune à leur tour, les évolutions qu'elles ont coutume de faire dans cette espèce d'hippodrome qu'on appelle un procès criminel.

Claude jugea que tout n'était pas dit. Il se leva à son tour. Il parla de telle sorte qu'une personne intelligente qui assistait à cette audience s'en revint frappée d'étonnement.

Il paraît que ce pauvre ouvrier contenait bien plutôt un orateur qu'un assassin. Il parla debout, avec une voix pénétrante et bien ménagée, avec un œil clair, honnête et résolu, avec un geste presque toujours le même, mais plein d'empire. Il dit les choses comme elles étaient, simplement, sérieusement, sans charger ni amoindrir, convint de tout, regarda l'article 296 en face, et posa sa tête dessous. Il eut des moments de véritable haute éloquence qui faisaient remuer la foule, et où l'on se répétait à l'oreille dans l'auditoire ce qu'il venait de dire.

Cela faisait un murmure pendant lequel Claude reprenait haleine en jetant un regard fier sur les assistants.

Dans d'autres instants, cet homme qui ne savait pas lire était doux, poli, choisi, comme un lettré ; puis, par moments encore, modeste, mesuré, attentif, marchant pas à pas dans la partie irritante de la discussion, bienveillant pour les juges.

Une fois seulement, il se laissa aller à une secousse de colère. Le procureur du roi avait établi dans le discours que nous avons cité en entier que Claude Gueux avait assassiné le directeur des ateliers sans voie de fait ni violence de la part du directeur, par conséquent *sans provocation*.

— Quoi! s'écria Claude, je n'ai pas été provoqué! Ah! oui, vraiment, c'est juste, je vous comprends. Un homme ivre me donne un coup de poing, je le tue, j'ai été provoqué, vous me faites grâce, vous m'envoyez aux galères. Mais un homme qui n'est pas ivre et qui a toute sa raison me comprime le cœur pendant quatre ans, m'humilie pendant quatre ans, me pique tous les jours, toutes les heures, toutes les minutes, d'un coup d'épingle à quelque place inattendue pendant quatre ans! J'avais une femme pour qui j'ai volé, il me torture avec cette femme; j'avais un enfant pour qui j'ai volé, il me torture avec cet enfant; je n'ai pas assez de pain, un ami m'en donne, il m'ôte mon ami et mon pain. Je redemande mon ami, il me met au cachot. Je lui dis *vous*, à lui mouchard, il me dit *tu*. Je lui dis que je souffre, il me dit que je l'ennuie. Alors que voulez-vous que je fasse? Je le tue. C'est bien, je suis un monstre, j'ai tué cet homme, je n'ai pas été provoqué, vous me coupez la tête. Faites.

Mouvement sublime, selon nous, qui faisait tout à coup surgir, au-dessus du système de la provocation matérielle, sur lequel s'appuie l'échelle mal proportionnée des circonstances atténuantes, toute une théorie de la provocation morale oubliée par la loi.

Les débats fermés, le président fit son résumé impartial et lumineux.

Il en résulta ceci. Une vilaine vie. Un monstre en effet. Claude Gueux avait commencé par vivre en concubinage avec une fille publique, puis il avait volé, puis il avait tué. Tout cela était vrai.

Au moment d'envoyer les jurés dans leur chambre, le président demanda à l'accusé s'il avait quelque chose à dire sur la position des questions.

— Peu de chose, dit Claude. Voici, pourtant. Je suis un voleur et un assassin; j'ai volé et tué. Mais pourquoi ai-je volé? Pourquoi ai-je tué? Posez ces deux questions à côté des autres, messieurs les jurés.

Après un quart d'heure de délibération, sur la déclaration des douze champenois qu'on appelait *messieurs les jurés*, Claude Gueux fut condamné à mort.

Il est certain que, dès l'ouverture des débats, plusieurs d'entre eux avaient remarqué que l'accusé s'appelait *Gueux*, ce qui leur avait fait une impression profonde.

On lut son arrêt à Claude, qui se contenta de dire :

— *C'est bien. Mais pourquoi cet homme a-t-il volé? Pourquoi cet homme a-t-il tué? Voilà deux questions auxquelles ils ne répondent pas.*

Rentré dans la prison, il soupa gaîment et dit:

— Trente-six ans de faits !

Il ne voulut pas se pourvoir en cassation. Une des sœurs qui l'avaient soigné vint l'en prier avec larmes. Il se pourvut par complaisance pour elle.

Il paraît qu'il résista jusqu'au dernier instant, car, au moment où il signa son pourvoi sur le registre du greffe, le délai légal des trois jours était expiré depuis quelques minutes.

La pauvre fille reconnaissante lui donna cinq francs. Il prit l'argent et la remercia.

Pendant que son pourvoi pendait, des offres d'évasion lui furent faites par les prisonniers de Troyes, qui s'y dévouaient tous.

Il refusa.

Les détenus jetèrent successivement dans son cachot, par le soupirail, un clou, un morceau de fil de fer et une anse de seau. Chacun de ces trois outils eût suffi, à un homme aussi intelligent que l'était Claude, pour limer ses fers. Il remit l'anse, le fil de fer et le clous au guichetier.

Le 8 juin 1832, sept mois et quatre jours après le fait, l'expiation arriva, *pede claudo*, comme on voit.

Ce jour-là, à sept heures du matin, le greffier du tribunal entra dans le cachot de Claude, et lui annonça qu'il n'avait plus qu'une heure à vivre.

Son pourvoi était rejeté.

— Allons, dit Claude froidement, j'ai bien dormi cette nuit, sans me douter que je dormirais encore mieux la prochaine.

Il paraît que les paroles des hommes forts doivent toujours recevoir de l'approche de la mort une certaine grandeur.

Le prêtre arriva, puis le bourreau.

Il fut humble avec le prêtre, doux avec l'autre. Il ne refusa ni son âme ni son corps.

Il conserva une liberté d'esprit parfaite. Pendant qu'on lui coupait les cheveux, quelqu'un parla, dans un coin du cachot, du choléra qui menaçait Troyes en ce moment.

— Quant à moi, dit Claude avec un sourire, je n'ai pas peur du choléra.

Il écoutait d'ailleurs le prêtre avec une attention extrême, en s'accusant beaucoup et en regrettant de n'avoir pas été instruit dans la religion.

Sur sa demande, on lui avait rendu les ciseaux avec lesquels il s'était frappé. Il y manquait une lame, qui s'était brisée dans sa poitrine. Il pria le geôlier de faire porter de sa part ces ciseaux à Albin. Il dit aussi qu'il désirait qu'on ajoutât à ce legs la ration de pain qu'il aurait dû manger ce jour-là.

Il pria ceux qui lui lièrent les mains de mettre dans sa main droite la pièce de cinq francs que lui avait donnée la sœur, la seule chose qui lui restât désormais.

A huit heures moins un quart, il sortit de la prison, avec tout le lugubre cortége ordinaire des condamnés.

Il était à pied, pâle, l'œil fixé sur le crucifix du prêtre, mais marchant d'un pas ferme.

On avait choisi ce jour-là pour l'exécution, parce que c'était jour de marché, afin qu'il y eût le plus de regards possible sur son passage; car il paraît qu'il y a encore en France des bourgades à demi sauvages où, quand la société tue un homme, elle s'en vante.

Il monta sur l'échafaud gravement, l'œil toujours fixé sur le gibet du Christ.

Il voulut embrasser le prêtre, puis le bourreau, remerciant l'un, pardonnant à l'autre. Le bourreau *le repoussa doucement*, dit une relation.

Au moment où l'aide le liait sur la hideuse mécanique, il fit signe au prêtre de prendre la pièce de cinq francs qu'il avait dans sa main droite, et lui dit :

— *Pour les pauvres.*

Comme huit heures sonnaient en ce moment, le bruit du beffroi de l'horloge couvrit sa voix, et le confesseur lui répondit qu'il n'entendait pas. Claude attendit l'intervalle de deux coups et répéta avec douceur :

— *Pour les pauvres.*

Le huitième coup n'était pas encore sonné que cette noble et intelligente tête était tombée.

Admirable effet des exécutions publiques ! ce jour-là même, la machine étant encore debout au milieu d'eux et pas lavée, les gens du marché s'ameutèrent pour une question de tarif et faillirent massacrer un employé de l'octroi. Le doux peuple que vous font ces lois-là !

Nous avons cru devoir raconter en détail l'histoire de Claude Gueux, parce que, selon nous, tous les paragraphes de cette histoire pourraient servir de têtes de chapitre au livre où serait résolu le grand problème du peuple au dix-neuvième siècle.

Dans cette vie importante il y a deux phases principales : avant la chute, après la chute ; et, sous ces deux phases, deux questions : question de l'éducation, question de la pénalité ; et, entre ces deux questions, la société tout entière.

Cet homme, certes, était bien né, bien organisé, bien doué. Que lui a-t-il donc manqué ? Réfléchissez.

C'est là le grand problème de proportion dont la solution, encore à trouver, donnera l'équilibre universel : *Que la société fasse toujours pour l'individu autant que la nature.*

Voyez Claude Gueux. Cerveau bien fait, cœur bien fait, sans nul doute. Mais le sort le met dans une société si mal faite, qu'il finit par voler ; la société le met dans une prison si mal faite, qu'il finit par tuer.

Qui est réellement coupable ?

Est-ce lui ?

Est-ce nous ?

Questions sévères, questions poignantes, qui sollicitent à cette heure toutes les intelligences, qui nous tirent tous tant que nous sommes par le pan de notre habit, et qui nous barreront un jour si complétement le chemin, qu'il faudra bien les regarder en face et savoir ce qu'elles nous veulent.

Celui qui écrit ces lignes essayera de dire bientôt peut-être de quelle façon il les comprend.

Quand on est en présence de pareils faits, quand on songe à la manière dont ces questions nous pressent, on se demande à quoi pensent ceux qui gouvernent, s'ils ne pensent pas à cela.

Les Chambres, tous les ans, sont gravement occupées. Il est sans doute très important de désenfler les sinécures et d'écheniller le budget ; il est très important de faire des lois pour que j'aille, déguisé en soldat, monter patriotiquement la garde à la porte de M. le comte de Lobau, que je ne connais pas et que je ne veux pas connaître, ou pour me contraindre à parader au carré Marigny, sous le bon plaisir de mon épicier, dont on a fait mon officier *.

Il est important, députés ou ministres, de fatiguer et de tirailler toutes les choses et toutes les idées de ce pays dans des discussions pleines d'avortements ; il est essentiel, par exemple, de mettre sur la sellette et d'interroger et de questionner à grands cris, et sans savoir ce qu'on dit, l'art du dix-neuvième siècle, ce grand et sévère accusé qui ne daigne pas répondre et qui fait bien ; il est expédient de passer son temps, gouvernants et législateurs, en conférences classiques qui font hausser les épaules aux maîtres d'école de la banlieue ; il est utile de déclarer que c'est le drame moderne qui a inventé l'inceste, l'adultère, le parricide, l'infanticide et l'empoisonnement, et de prouver par là qu'on ne connaît ni Phèdre, ni Jocaste, ni OEdipe, ni Médée, ni Rodogune ; il est indispensable que les orateurs politiques de ce pays ferraillent, trois grands jours durant, à propos du budget, pour Corneille et Racine, contre on ne sait qui, et profitent de cette occasion littéraire pour s'enfoncer les uns les autres à qui mieux mieux dans la gorge de grandes fautes de français jusqu'à la garde.

Tout cela est important ; nous croyons cependant qu'il pourrait y avoir des choses plus importantes encore.

Que dirait la Chambre, au milieu des futiles démêlés qui font si souvent colleter le ministère par l'opposition et l'opposition par le ministère, si, tout à coup, des bancs de la Chambre ou de la tribune publique, qu'importe ? quelqu'un se levait et disait ces sérieuses paroles :

— Taisez-vous, qui que vous soyez, vous qui parlez ici, taisez-vous ! vous croyez être dans la question, vous n'y êtes pas.

La question, la voici. La justice vient, il y a un an à peine, de déchiqueter un homme à Pamiers avec un eustache ; à Dijon, elle vient d'arracher la tête à une femme ; à Paris, elle fait, barrière Saint-Jacques, des exécutions inédites.

Ceci est la question. Occupez-vous de ceci.

Vous vous querellerez après pour savoir si les boutons de la garde

---

* Il va sans dire que nous n'entendons pas attaquer ici la patrouille urbaine, chose utile, qui garde la rue, le seuil et le foyer ; mais seulement la parade, le pompon, la gloriole et le tapage militaire, choses ridicules, qui ne servent qu'à faire du bourgeois une parodie du soldat.

nationale doivent être blancs ou jaunes, et si l'*assurance* est une plus belle chose que la *certitude*.

Messieurs des centres, messieurs des extrémités, le gros du peuple souffre!

Que vous l'appeliez république ou que vous l'appeliez monarchie, le peuple souffre, ceci est un fait.

Le peuple a faim, le peuple a froid. La misère le pousse au crime ou au vice, selon le sexe. Ayez pitié du peuple, à qui le bagne prend ses fils, et le lupanar ses filles. Vous avez trop de forçats, vous avez trop de prostituées.

Que prouvent ces deux ulcères?

Que le corps social a un vice dans le sang.

Vous voilà réunis en consultation au chevet du malade ; occupez-vous de la maladie.

Cette maladie, vous la traitez mal. Étudiez-la mieux. Les lois que vous faites, quand vous en faites, ne sont que des palliatifs et des expédients. Une moitié de vos codes est routine, l'autre moitié empirisme.

La flétrissure était une cautérisation qui gangrenait la plaie; peine insensée que celle qui pour la vie scellait et rivait le crime sur le criminel! qui en faisait deux amis, deux compagnons, deux inséparables !

Le bagne est un vésicatoire absurde qui laisse résorber, non sans l'avoir rendu pire encore, presque tout le mauvais sang qu'il extrait. La peine de mort est une amputation barbare.

Or, flétrissure, bagne, peine de mort, trois choses qui se tiennent. Vous avez supprimé la flétrissure; si vous êtes logique, supprimez le reste.

Le fer rouge, le boulet et le couperet, c'étaient les trois parties d'un syllogisme.

Vous avez ôté le fer rouge ; le boulet et le couperet n'ont plus de sens. Farinace était atroce ; mais il n'était pas absurde.

Démontez-moi cette vieille échelle boiteuse des crimes et des peines, et refaites-la. Refaites votre pénalité, refaites vos codes, refaites vos prisons, refaites vos juges. Remettez les lois au pas des mœurs.

Messieurs, il se coupe trop de têtes par an en France. Puisque vous êtes en train de faire des économies, faites-en là-dessus.

Puisque vous êtes en verve de suppressions, supprimez le bourreau. Avec la solde de vos quatrevingts bourreaux, vous payerez six cents maîtres d'école.

Songez au gros du peuple. Des écoles pour les enfants, des ateliers pour les hommes.

Savez-vous que la France est un des pays de l'Europe où il y a le moins de natifs qui sachent lire ?

Quoi ! la Suisse sait lire, la Belgique sait lire, le Danemark sait lire, la Grèce sait lire, l'Irlande sait lire, et la France ne sait pas lire ! C'est une honte.

Allez dans les bagnes. Appelez autour de vous toute la chiourme. Examinez un à un tous ces damnés de la loi humaine. Calculez l'inclinaison de tous ces profils, tâtez tous ces crânes. Chacun de ces hommes tombés a au-dessous de lui son type bestial ; il semble que chacun d'eux soit le point d'intersection de telle ou telle espèce animale avec l'humanité. Voici le loup-cervier, voici le chat, voici le singe, voici le vautour, voici la hyène. Or, de ces pauvres têtes mal conformées, le premier tort est à la nature sans doute, le second à l'éducation.

La nature a mal ébauché, l'éducation a mal retouché l'ébauche. Tournez vos soins de ce côté. Une bonne éducation au peuple. Développez de votre mieux ces malheureuses têtes, afin que l'intelligence qui est dedans puisse grandir.

Les nations ont le crâne bien ou mal fait selon leurs institutions.

Rome et la Grèce avaient le front haut. Ouvrez le plus que vous pourrez l'angle facial du peuple.

Quand la France saura lire, ne laissez pas sans direction cette intelligence que vous aurez développée. Ce serait un autre désordre. L'ignorance vaut encore mieux que la mauvaise science. Non. Souvenez-vous qu'il y a un livre plus philosophique que le *Compère Mathieu*, plus populaire que le *Constitutionnel*, plus éternel que la charte de 1830 ; c'est l'Écriture sainte.

Et ici un mot d'explication.

Quoi que vous fassiez, le sort de la grande foule, de la multitude, de la *majorité*, sera toujours relativement pauvre, et malheureux, et triste.

A elle le dur travail, les fardeaux à pousser, les fardeaux à traîner, les fardeaux à porter.

15

Examinez cette balance : toutes les jouissances dans le plateau du riche, toutes les misères dans le plateau du pauvre. Les deux parts ne sont-elles pas inégales? La balance ne doit-elle pas nécessairement pencher, et l'état avec elle?

Et maintenant dans le lot du pauvre, dans le plateau des misères, jetez la certitude d'un avenir céleste, jetez l'aspiration au bonheur éternel, jetez le paradis, contre-poids magnifique! Vous rétablissez l'équilibre. La part du pauvre est aussi riche que la part du riche.

C'est ce que savait Jésus, qui en savait plus long que Voltaire.

Donnez au peuple qui travaille et qui souffre, donnez au peuple, pour qui ce monde-ci est mauvais, la croyance à un meilleur monde fait pour lui.

Il sera tranquille, il sera patient. La patience est faite d'espérance.

Donc ensemencez les villages d'évangiles. Une bible par cabane. Que chaque livre et chaque champ produisent à eux deux un travailleur moral.

La tête de l'homme du peuple, voilà la question.

Cette tête est pleine de germes utiles. Employez pour la faire mûrir et venir à bien ce qu'il y a de plus lumineux et de mieux tempéré dans la vertu.

Tel a assassiné sur les grandes routes qui, mieux dirigé, eût été le plus excellent serviteur de la cité.

Cette tête de l'homme du peuple, cultivez-la, défrichez-la, arrosez-la, fécondez-la, éclairez-la, moralisez-la, utilisez-la ; vous n'aurez pas besoin de la couper.

TABLE DES DESSINS

	DESSINATEURS.	Pages.
La tête coupée	GAVARNI	Titre.
La charrette	GAVARNI	I
Les instruments de la loi	GAVARNI	XII
L'échafaud et le mardi gras	CHOVIN	XIV
Le poëte élégiaque	VOGEL	XXIII
Le chevalier	VOGEL	XXV
Le gros monsieur	VOGEL	XXVII
Une jeune femme	VOGEL	XXVIII
Mme de Blinval	VOGEL	XXIX
Le monsieur maigre	VOGEL	XXXI
Le philosophe	VOGEL	XXXIII
Ergaste	VOGEL	XXXV
Un laquais	VOGEL	XXXVII
Le dernier jour d'un condamné	CÉLESTIN NANTEUIL	Titre.
Le condamné	E. ZIER	1
Le substitut	GAVARNI	12
« Comptons ce qui me reste »	GAVARNI	13
Les spectres sans tête	LOUIS BOULANGER	17
La farandole des forçats	CHOVIN	24
Le départ des galériens	ANDRIEUX	26
L'huissier près la cour	GAVARNI	35
Le moribond. — « Au revoir ! »	GAVARNI	37
L'autre condamné	GAVARNI	44
Le prêtre	LIX	53
Le premier baiser	E. ZIER	60
La petite vieille	VOGEL	69
La petite fille	ANDRIEUX	72
Le bourreau	GAVARNI	77
Désespoir	VOGEL	82
Claude Gueux	GAVARNI	87
M. D.—, le directeur des ateliers	GAVARNI	91
Le jury des voleurs	CHOVIN	100
L'exécution	LIX	105

TABLE

	Pages.
Préface. — 1832	I
Une comédie a propos d'une tragédie	XXI
LE DERNIÉR JOUR D'UN CONDAMNÉ	1
CLAUDE GUEUX	87

EUGÈNE HUGUES, ÉDITEUR, RUE THÉRÈSE, 8.

VICTOR HUGO

NOUVELLES ÉDITIONS ILLUSTRÉES

EN LIVRAISONS A 10 CENT. ET EN SÉRIES A 50 CENT.

En cours de publication

THÉATRE

LE ROI S'AMUSE — HERNANI — MARION DE LORME — LUCRÈCE BORGIA — MARIE TUDOR
ANGELO — LA ESMERALDA — RUY BLAS — LES BURGRAVES — TORQUEMADA
12 fascicules à 50 centimes

Ouvrages complets

DESSINS DE MM.

MEISSONIER, J.-P. LAURENS, BRION, DE NEUVILLE, RAFFET, BAYARD, DAUBIGNY, CHIFFLART
LIX, VIOLLET-LE-DUC, K. BODMER, TONY JOHANNOT, MORIN, D. VIERGE, JACQUE
FLAMENG, A. MARIE, LANÇON, H. SCOTT, FÉRAT, RIOU, FOULQUIER, LEMUD, MÉRYON, GAVARNI, LOUIS BOULANGER
HOFBANER, CÉLESTIN NANTEUIL, DE HAENEN, VOGEL, ZIER — VICTOR HUGO

LE DERNIER JOUR D'UN CONDAMNÉ
CLAUDE GUEUX
20 livraisons à 10 cent. — 4 séries à 50 cent. — Le volume broché, 2 fr.

LES
TRAVAILLEURS DE LA MER
DESSINS DE VICTOR HUGO
66 livraisons à 10 centimes, en 13 séries.
Le volume broché, 7 fr.

QUATREVINGT-TREIZE
60 livraisons à 10 cent. — 12 séries à 50 cent.
le volume, 6 fr.
Cartonné toile, fers spéciaux, 9 fr.
Demi-reliure, tranche dorée, 10 fr.

HISTOIRE D'UN CRIME
60 livraisons à 10 cent. — 12 séries à 50 cent.
Broché, 6 fr. — Demi-reliure, tr. dorée, 10 fr.

L'ANNÉE TERRIBLE
40 livraisons à 10 cent. — 8 séries à 50 cent.
Broché, 4 fr. — Cart. toile, tr. dorée, 7 fr. 50
Demi-reliure, tr. dorée, 8 fr. 50

NOTRE-DAME DE PARIS
85 livraisons à 10 cent. — 17 séries à 50 cent.
Broché, 8 fr. 50. — Cart. tr. dorée, 12 fr.
Demi-reliure, 13 fr.

NAPOLÉON LE PETIT
30 livraisons à 10 cent. — 6 séries à 50 cent.
Broché, 3 fr. — Demi-reliure, tr. dorée, 7 fr.

LES MISÉRABLES
47 séries à 50 cent.

I. FANTINE, Prix, broché	5 fr.	IV. L'IDYLLE RUE PLUMET ET L'ÉPOPÉE
II. COSETTE	4 fr. 50	RUE SAINT-DENIS.... .... 5 fr. 50
III. MARIUS	4 fr.	V. JEAN VALJEAN............ 5 fr.

L'ouvrage complet en cinq volumes : 24 francs.

LA SOUSCRIPTION RESTE PERMANENTE AUX LIVRAISONS, SÉRIES ET VOLUMES DE TOUS CES OUVRAGES
Les envois sont faits *franco* dans toute la France contre le prix en un mandat-poste
à l'adresse de l'éditeur

Paris. — Imp. A. Quantin, 7, rue Saint-Benoît.